人生は出会った人で決まる

To meet is a hope of life

夢を持ち行動すれば、人がチャンスを運んでくれる

元東京ディズニーランド総合プロデューサー
堀 貞一郎
Teiichiro Hori

まえがき

シェークスピアの戯曲であれ、アカデミー賞受賞の外国映画であれ、紫式部の源氏物語であれ、歌舞伎、浄瑠璃等日本の古典演劇であれ、夏目漱石を初めとする日本の現代小説であれ、古今東西世界のあらゆる物語は人と人との出会いで始まり、人との出会いで展開しています。

出会いは物語の骨格であり、物語の重要な要素なのです。

我々の人生も同じです。人生は出会った人で決まり、出会った人次第で展開します。人と人の出会いは、人生の骨格をつくるものなのです。

素晴らしい人に出会って、素晴らしい影響を受けた人は、素晴らしい人生を送る可能性を贈られ、好ましくない人に出会って、好ましくない影響を受けた人は、好ましくない人生を送る可能性を贈られます。

かけがえのない人生を如何に素晴らしく生きるか、それは如何に素晴らしい人と出会うかにかかっているのです。

色々な苦難に遭遇しながらも、私がここまで素晴らしい人生を歩むことができたのは、その節目節目に私の行く手を鮮やかに示してくれた諸先輩・友人との出会いがあったおかげです。

あのとき、あの素晴らしい出会いがなかったら、私の人生はもっとちがったものになっていたでしょう。今は感謝の念で一杯です。

本当に人生のドラマは出会った人でストーリーが決まるのです。

そこで、これから人生の荒波に乗り出そうとする若い人々に、心豊かな人生を送るために必要な「出会い」はどうすれば実現するのか、私の考えと私の体験談をご披露してお役に立ちたいと思いました。

それが私にチャンスをつくってくださった、素晴らしい先輩・友人に対する私のささやかなお礼でもあるのです。

二〇〇四年十月

堀《ほり》 貞一郎《ていいちろう》

『人生は出会った人で決まる』――目次

第2章 「いい出会い」をするための人生観を持つ 37

第3章 「いい出会い」をするための仕事観を持つ 63

第4章 「出会い力」をつけるために 97

第5章 「人を見る目」を育てるために 131

第6章　素晴らしい友人関係をつくる3要素　153

本文ＤＴＰ／アイテム

第1章　「いい出会い」「運命の出会い」とは

出会いで、あなたの人生、人格が変わる

人間はこの世に生を受けてから、いろいろな人との出会いを重ねていきます。

そしてその出会いによって、ときには幸福になったり、またときには不幸になったりしながら、さまざまな人生模様を織り上げていくことになります。

出会いとは、人間の一生に重い意味をもつ「できごと」なのです。

人と出会うということは、その人の人格構成に影響を与えるエレメント（要素）との出会いに他なりません。

わかりやすくいえば、こういうことです。

ふつう、人間が最初に出会うのは母親ですが、その母親の性格がひじょうに優しいとか、あるいは男まさりでたいへん勝気とかというちがいは、少なからずその子の人格形成に影響をおよぼすでしょう。

私ごとになりますが、私は子どものころから暗記をすることが大の苦手でした。ですから、もっぱら暗記中心の小学校低学年の勉強では成績もあまりよくならず、ずっと「自分は頭が悪いのだ」と思っていたのです。

ところが小学四年のときに転校して出会った担任の大石孝一先生によって、私の人生はガラリと一変しました。

その大石先生は、記憶させることより客観的にものを観、考えさせることに重点をおく指導方法で、もともと考えることが好きだった私は、水を得た魚のように生き生きとしてきました。

たとえば先生はさかんに「観察しなさい」といって、虫や太陽の観察をさせます。そしてその観察に必要な器具などを、子どもたちに考えさせるのです。

そこで私がいくつかのアイデアを出すと、先生はすごくほめてくれます。私はすっかり自信がつき、毎日の学校生活が楽しくなって成績も上がっていきました。

もしこの先生に出会わなかったら、私はコンプレックスの塊のような人間になっていたかもしれません。

出会った人というのは、家庭や仕事場における人間関係など、その人をとりまく環境の一部といっていいでしょう。

この環境は、自分で選択できるものと、できないものがあります。

親や兄弟は選択できませんが、それ以外はだいたい選択できる種類のものです。

まだまだこれから長いあなたの人生で、**選択できる環境を自分でどのように選んでいくか、つまりどのような人との出会いを選んでいくかは、きわめて大きな意味をもってくる**のです。

人が出会い、共感すれば「振幅が広がる」

人生において出会いがたいせつなのは、自分の人格構成に影響を与えるからだけではありません。

人間はひとりでいるだけでは、けっして啓発されることがないからです。

絶海の孤島にたったひとりで生きる人間は、他人から知識を吸収し、理解を深めるということはできません。

また他人と共感し合って、想像力や創造力を豊かにし、味わい深い人生を送るということもできません。

アインシュタインなどの天才は別として、ふつうの人間の頭脳一個が、自分の環境のなかで考えることには、おのずから限界があります。

しかしそういう頭脳が、出会いによっていくつも集まれば、環境が異なってくるし、思考方法も多様になってくるのです。

また入ってくる情報も多岐にわたり、それをみんなで共有できることになります。

たとえて言えばそれは、パソコンをいくつもつなげて、数台の連結されたスーパーコンピュータとなったイメージに近いでしょうか。

スーパーコンピュータがひとつの目的を目指して連動したときを、私は「振幅が広がる」と呼んでいます。

どういうことかというと、たとえばサッカーの国際試合、日本と外国のナショナルチームが戦うテレビ中継があるとしましょう。

これを、ひとりで部屋にとじこもって観ているのと、同じサッカーファン仲間数人で一緒に観ているのでは、日本が勝ったときの喜びや感動の心の振幅は、けっして同じではないのです。

複数の人間が大きな声を上げたり、拍手し、口々に感想をのべ合ったりすることで、喜びと感動は共有され、振幅はさらに大きくなるのです。

サッカーのように、アクティブなものでなくても、
「じつは私、ショパンとモーツァルトが好きなんです」
「いやぁ、僕もまったく同じですよ！」
そんな出会いのひと言が、無上の喜びと、人生の味わいにつながっていく経験は少なくありません。

幸福とは何かと問われて、ある人は「おいしいものを食べること」、ある人は「長生きすること」などと答えるかもしれません。価値観はいろいろですから、いろいろな幸福の形があるでしょう。

私自身は、「**短い人生のなかで、いかに心躍る思いをするか**」、**心の振幅の広さと高さ、人間らしい共感の高さが、何よりたいせつ**と考えています。

一生のうちに出会える人の数は、多いようでも限られたもの。
その中から自分にとって**大事な人を選び出す目を持つことは、必要不可欠**なことです。

人生はメロンの皮の模様のごとし

人の一生というと、きっと多くの人は一本の長い道をイメージするでしょう。「人生は重き荷を背負いて遠き道を行くがごとし」という徳川家康の言葉は、そんなイメージの代表格かもしれません。

しかし私のイメージは、これとはちょっとちがいます。

「人生の道のりは、メロンの皮の模様のような迷路に似る」

人生の迷路は単純な一本道はなく、曲がり角やつきあたりの連続です。どこへ行くのか、まったく予測がつきません。

その曲がり角を右に行くのか、左に行くのか、あるいはそのまま真っすぐ進むのか。私の場合は、それを決定づけたのが「出会った人」でした。

だから**私にとって出会いとは、人生の曲がり角において、重要な選択を方向づけてくれたきっかけ**、という意味があります。

要するに、**人生のターニング・ポイント（転機）**だったのです。

読者のみなさんも、これまでの半生をふり返ってごらんになれば、そのターニング・ポイントで、意味のある人との出会いがあった経験は、きっとあるはずです。

たとえば大学進学で進路を迷っていたとき、ふと出会った先輩のひと言で、進むべき方向を決めたとか。

そこでこれからは、こう考えることにしましょう。

「**いま新しい出会いがあったのは、私の人生におけるひとつのターニング・ポイントにさしかかっているサイン**」なのだと。

そういう自覚意識さえあれば、その曲がり角でほんとうは曲がるべきなのに、気づかずにまっすぐ進んでしまった、というような失敗をさけることもできるでしょう。

「出会いのマンネリズム」に陥らない

数ある出会いのなかでも、自分の人生の方向を決定づけるような重大な意味（良い意味と悪い意味とがありますが、ここでは良い意味に限定します）を持つものを、〝運命的な出会い〟と呼んでいます。

運命的な出会いとは、あとからふり返ってそのように位置づけられるもので、ふつうの場合、人はその出会いのときに、それが自分にとって運命の出会いであると明確に意識することはまずありません。

ただし、なかには鋭く直感的に「あ、この人との出会いは、何か運命的なものを感じるな」と、会った瞬間に捉える人もいます。

おそらくそういう人は、自分自身の人生の目標をはっきりと見定め、そのために何をなすべきか日々意識している人、いつも新しい出会いをたいせつに考えている人です。

あるいは、ひじょうに鋭い直感力があって、動物的な「勘」がはたらく人です。

そういう人たちもいるにはいますが、一般的にはごく少ない例でしょう。

一般的に少ないということは、**じつは多くの人が運命の出会いを取り逃がしている、そういう可能性が高い**ということでもあります。


考えてみれば、もったいない話ではありませんか。

よい出会いをキャッチしようという意思さえあれば、あるいは自分の未来を大きく開いてくれる人との運命的な出会いだったかもしれないものを、たんなる儀礼的な名刺交換だけで終わってしまった……。

しかし多くの人は、逃がした魚の大きさすら自覚できていません。

というより、魚を逃がしたという意識すらないのです。

それはなぜか。

出会いが日常化され、一種のマンネリズムに陥っているからです。

私は仕事がら、日々多くの人と出会います。

ですから名刺も山といただきます。

しかしできるだけ気をつけているのは、その名刺を後でもう一度見返しながら、「この人と出会ったことに何か意味があるかな」と考えるようにしていることです。後日そのうちのひとりの方から電話があったりすると、やはり何か意味があるかもしれないな、と思ったりするのです。

たとえば営業の仕事のように、毎日新しい出会いがある人は、かえって出会いのマンネリズムに陥りやすいのではありませんか。

それをさけるために、**どんなささいな出会いでも、日々その出会いの意味をふり返って吟味してみることは、たいせつなこと**ではないでしょうか。

ふり返ってみれば、自分のほうに意味がある場合もあれば、逆に相手のほうに意味があるケースもあります。

「相手のほうに意味がある」とは、つまり自分が相手のお役に立っているということであり、それはまたそれで、とても幸福な気分になれるものです。

「幸運」か「不運」かは、自分が決めること

先にお話したように、「運命の出会い」それ自体には良い意味と悪い意味があるし、またいちがいに決めつけられないケースもあります。

たとえば、不遇な孤児がやくざの親分に拾われて育てられ、後に自分も立派なやくざの親分になったなどという話は、社会的には悪い意味でありながら、個人的には良い意味になる場合もあるかもしれないのです。


そもそも運命の「運」とは、いったい何でしょうか。

私は「**人智を超えたところで備えられたシチュエーション**」だと思っています。平たくいえば、神さまが備えたシチュエーション、とでもいいましょうか。

そして、人間がそのシチュエーションをどのように受け取り、どのように活かすか殺すか。あるいはどのように乗り越えるか、または乗り越えられないか。

それによって、幸運か不運かに分かれるのではないでしょうか。

むかしから「塞翁が馬」とか「禍福は糾える縄のごとし」などの諺があるように、**幸運や不運は表裏一体であることが多い**ものです。

たとえば、たまたま出会った男とすっかり意気投合して、自分では親しい友だちになったと思っていました。

しかし彼はじつはとんでもない詐欺師で、自分は巧妙にだまされて何十万円もお金をを貸したところ、その男はそのまま行方をくらまされてしまったとしましょう。

ふつうに考えれば、これは不運の出会いです。

しかし心底これに懲《こ》り、以後は心して人を見抜く目を養うよう努力し、二度とこうした失敗をくり返さないようになったとすれば、その何十万円は人を見る目を養う授業料だったと思えるようになるでしょう。

そう思えれば、それは長い自分の人生にとって、かえって運のよい出会いだったということになる場合もありはしませんか。

幸運か不運かは、最終的には自分が決めるのです。

日本語の枠さえ超えた女性の感性

男と女の出会いは、人類永遠のテーマのひとつです。

古今東西、無数の物語が語られてきましたが、深くて多様なこのテーマについて、とてもいまこのスペースで論じきることはできません。

そこでここでは「感性」という切り口で、すこし考えてみることにします。

私がいままで生きてきた経験から言えば、**男と女の感性は、一般的にいって性質がちがう**と思います。

女性のほうが、やはりしなやかでみずみずしい感性でものごとを捉えているような気がします。

たとえばアフリカみやげの仮面を見て、若い女性が「わぁ、かわいい！」なんて感嘆の声を上げたとします。

私が見るとちょっとグロテスクな感じで、とてもかわいいとは思えません。

しかし彼女に言わせれば、そのグロテスクなところが「かわいい」のだそうです。

つまり、最近の若い女性が使う「かわいい」は、本来の意味よりもずっと広がった概念で用いられているようなのです。

なにしろ、デザートに出てくるちょっと色のきれいなアイスクリームを見ても「かわいい！」というのですから、戦前生まれの私の理解を超えています。

しかし、よく考えてみるとそれは、彼女たちのボキャブラリーが不足しているのではなく、彼女たちの豊かな感性で捉えられた事象を、うまく説明する日本語が不足している、ということかもしれないのです。

彼女達の美意識が、いままでの日本語でおさまりきらないほど豊かで多様に、また繊細になってきた表われではないでしょうか。

だから、彼女たちはやむをえず、「かわいい」という言葉の意味を無意識のうちに拡大してしまったのです。

そういう意味で、現代の若い女性の「かわいい」は、清少納言の「いとをかし」と似ているところがあるかもしれません。

対して**男性は、残念ながら「かわいい」に代わる言葉を持っていない**のです。そこで、男たちは感情を理屈っぽく説明してみたり、もしくは説明することすらあきらめて、寡黙になってみたりするのです。

こういう状況で男と女が出会えば、どういうことになるのか。

時代はちがっても本質的にはあまり変わらない、「感性のすれちがい物語」が生まれるのではないでしょうか。

いまこそ、女性の目線に学ぶ理由

男と女は感性の質もちがいますが、ものの見方もちがうことが多いと思います。

これも私の経験からいえば、**女性たちは、男の私の目線とまったく異なる目線で見ていたりするので、驚かされることがたびたび**です。

そういうとき、私は自分の主観に固執せず、すぐ客観的な態度に変えて、素直に自分と異なる彼女たちのアングルから見ることにします。

電通やオリエンタルランドにいたころから、そうすることで、ずいぶん多くのヒントをもらったり、教えられることも少なくありませんでした。

いまの日本は、女性中心の「時間消費型社会」になってきました。

戦前と戦後で大きく時代の様相は変わり、昔〝三種の神器〟と呼ばれた洗濯機・冷蔵庫・掃除機などの家庭用耐久消費財の普及は、女性の家事労働の時間を飛躍的に削減しました。

ありあまる時間を、彼女たちはどのように消費しているか。

それは、注意深く社会の現象を観察していれば、自ずから見えてくるでしょう。

美術館の企画展や音楽会、そして歌舞伎などの演劇鑑賞にいそいそと足を運ぶ女性たちの姿は、むかしとはくらべものにならないくらい増えました。

またピクニックや登山などでもその姿を多く見かけるし、あるインドアのテニス・スクールなどでは、平日は九割以上が、主婦も含めた若い女性でにぎわっています。

女性は遊び上手になりました。

それはけっして悪い意味ではなく、**人生の楽しみ方を知っている**、ということです。

いっぽう世の平均的な男性たちは、寝ているときと仕事をするとき以外は、酒を飲んでいるか、テレビでプロ野球を見ているか、あとはたまにゴルフにでかけるぐらい。

男生と女性の感性、そのちがいは、小さくありません。

そういう意味で、男性はもっと女性たちの時間の使い方を参考にしなければならないのかもしれません。

その楽しみ方、ものの見方や考え方を、大いに取り入れましょう。

まず最初にそうした意識さえあれば、これからの男女の出会いは、良い意味での運命の出会いになる可能性が広がるでしょう。

「たかが女のすることなんて……」といった、旧態依然の男尊女卑的な考えの人は、これからの時代は化石となってひっそり生きるしかありません。

結婚は、「二点間の一点」の定理で考える

男と女が、それぞれ理想的な相手との出会いによって結ばれる——世の中にそういう例はどれほどあるのでしょうか。

私が想像するかぎり、あまり多いとは思えません。

全世界六十億の人のなかに、その人にとって理想的な人は何人もいるのでしょうが、短い一生の時間的制約のなかでは、絶対的に理想的な人を見つけるなどということはあり得ません。

となると、人は限られた時間と空間のなかで、生涯の伴侶を見つけなければならないということになります。では、どうしたらいいのでしょうか。

私の考えはこうです。「二つの点の間には必ずもう一つ点が打てる」という、昔、物理で教わった定理を思い出してください。相手こそ、短い青春の中で出会った理想の人と思っても、長い人生の中ではもっと理想的な相手が出てくる可能性があるとい

うことです。

人は物理の法則に従えば、死ぬまで結婚、離婚を繰り返す可能性があるとも解釈できはしませんか。したがって、理想の伴侶との出会いを求めるならば、まず、自分自身とその環境を分析して、自分及び自分の環境に最も近い人を選び、その中から自分の感覚で最も合った人との出会いをたいせつに育てる。

そして一度決めたら（結婚したら）、その人こそ自分の理想の人、最高な人だと信じること。つまり、二点は離れていようとも一点だと信じる、ということです。

つまり**結婚とは、信じることで決断される行為**なのです。

いささか古い話になりますが、私はそうした考えで伴侶を選びました。むかし流行った歌「妻をめとらば才たけて、みめうるわしく情けある……」を理想的なイメージとして抱き、さまざまな出会いに注意を払っていたのです。

ですから、行き当たりばったりのような恋愛はしたことがありませんでした。

やがて、これだと思うような人に何人も出会い、自分なりに相手のことをいろいろ知ろうと努力しました。

というのは、あまり生活環境や経済環境がかけはなれていては、うまくいかないだろうと考えたからです。

そうやって最終的に判断したのですが、それでも百パーセント理想の相手だと思っていたわけではありません。何度も繰り返すようですが、生きているあいだに出会える人に制限があるかぎり、これは当然のことだと思っています。

やはり、信じることで決断したのです。

しかし妻の名誉のためにも言っておきますが、結果からすれば、すべてよかったのだと思い、妻との出会いには今も感謝しています。

備前焼「環花入」(堀　貞一郎：作)

第2章　「いい出会い」をするための人生観を持つ

〝コミュニケーション社会〟では、「精神的に富む人」が報われる

四十五億年という地球の歴史を考えると、人類の歴史などは驚くほど短いものです。現代に生きる私たちの人生などは、まばたき一瞬のようなものでしょう。長い間地中にいて、夏にやっと羽化する蝉は、たった数日で一生を終えます。まことに哀れな感じを抱きますが、私たちの人生の時間も、悠久なる宇宙の時の流れにあっては、それと大差ありません。

私たちは、この世に生まれてきた日のことは覚えていません。それからだんだん記憶が残るようになりますが、やがて死ぬ瞬間のときのことも、覚えている人はいません。

自分という存在がなくなってしまうのですから、これは当たり前の話ですが。

だからいまこの世界に生きている、自分という存在がある間だけが、すべてなのです。

かけがえのない人生の時間を、もっと大事にしなければと痛切に思います。

人生のたいせつな時間をどのように使うかは大問題のはずなのに、マンネリ化した日々の生活に流れてしまうと、人はついその問題を本気で考えようとしません。

大部分の人たちは、なんとなく「仕事をしているときが、もっともたいせつで充実した時間」と考えているのでしょうか。

どうも私たち勤勉な日本人の頭のなかには、「仕事は聖なるもの」という観念が、あまりにも強く染みついているようです。

もちろん人それぞれで、自分の仕事がいわゆる天職だと思っている幸福な人も、少なくないでしょう。私自身もプロデューサーという仕事こそ自分の天職だと思っていますが、芸術家をうらやましいと思うこともあります。

たとえば能面を彫ってなりわいとしている人などは、仕事の中に自らの美意識を生かしながら、喜びも苦しみも味わうような深い生き様があるにちがいありません。

しかし大部分の人たちは、まずは収入を得るという目的のために、組織の歯車のひとつとなって働いているのが実情でしょう。

日本の戦後復興から高度経済成長をささえてきたのは、そういう人たちでした。言ってみれば、工業化社会のシステムのなかで、ある意味で自分を殺しながら働いてきた人たちです。

しかし時代は、「工業化社会から情報化社会へ」という大きな変革期を迎えました。もうこれからは、工業化社会における価値観では、はっきり言って対応できなくなってくるはずです。

たとえば仕事がどれだけできたかとか、会社でどれだけ偉いかなどということに、人はさしたる関心をしめさなくなるでしょう。

これから問われるのは、「その人が自分自身の人生を豊かにするために、どれだけのものをもっているか」ということです。

もちろんそれは、お金など物質的なものではありません。

その人の**人格や教養、そして思想や哲学など、精神的分野に関わるもの**です。

そういうものをたくさん持っている人が尊敬されるようになるし、また仕事の上でも、人間の精神生活にとって有意義ないい仕事をするようになるでしょう。

「物質的に富む人」ではなく、「精神的に富む人」のもとに多くの人が集まり、新しいビジネスの花が開く。

そういう〝コミュニケーション社会〟に、なりつつあるのです。

人生の宝を掘り当てる「七・八・九の法則」

かぎられた人生の時間を有効に使うには、どうしたらいいでしょうか。

私は一日の大まかな時間割を決め、それをまもるようにしています。
・睡眠時間………七時間（トータルで）
・仕事の時間……八時間
・自分の時間……九時間
睡眠時間は人によって長さがちがうかもしれませんが、熟睡さえすれば七時間で充分だと思います。

仕事が忙しくなるとこれを縮める人がいますが、**肉体も脳も必要なだけ休ませないと、しわよせがかならずず出てくるし、休ませることでまた新たな力もわいてくる**のです。

（トータルで）としたのは、たとえば通勤電車のなかで三十分眠ったのなら、家で寝るのは六時間三十分でいいということです。

睡眠は一度にまとめてとらなければいけない、ということはありません。

私が実践している、家で熟睡するためのコツをひとつご紹介しましょう。

それは、自己催眠のキーワードを決めておき、それを床にはいって自分でつぶやいたとたん、コトンと眠りに落ちるように練習しておくのです。

キーワードは「いい一日だったな」とか「幸せだなぁ」とか、単純な言葉でいいのです。最初からうまくはいきませんが、毎日繰り返すうち、きっと習慣化されます。

気分がよくなる言葉であれば、その日を締めくくるのにもいいでしょう。

仕事はできるだけ八時間の枠内におさめ、どうしてもやむを得ない場合の他は、残業はやりません。

残業は、私がもっともたいせつに考えている、自分の自由裁量時間を侵食することになりますから。

さて、**一番長い九時間の自由裁量時間ですが、これをどう使うか、いつも意識しておくことがたいせつ**です。

仕事の種類によっては、その九時間が充実することで、仕事の八時間も生きてくるというケースがあります。

むかし「11PM（イレブン・ピーエム）」という深夜番組があって、その中で麻雀や競馬、釣りといった大人の娯楽を積極的にとりあげ、好評をはくしました。

担当ディレクターだったIさんは私もよく知っていますが、彼の自由時間における趣味や遊びが、この企画に大きく貢献していたことは間違いありません。

むかしの工業化社会では、仕事の八時間がまず最優先に考えられました。

しかし**これからの情報化コミュニケーション社会では、九時間の自由裁量時間こそが最優先に考えられるべき**なのです。

「二点間の一点の定理」で、時間の中にある命をのばすことができる

第一章の八項で、空間的に、「二点間の最短距離はその二点を結ぶ直線であり、その直線上にかならず一つの中点が打てる」というような定理を元に自分の生涯のパートナーとの出会いと考え方を述べましたが、この定理を時間に置き換えると面白いことを発見することができます。たとえば時間の流れを一本の直線というイメージで考えてみれば、私はこの定理を用いて、**かぎられた人生の時間を、〝相対的に〟ひきのばす**ことができると思っています。

わかりやすくいうと、こういうことです。たとえばいまここに、**ふつうにやれば二時間かかる手作業の仕事**があるとしましょう。

これを「何とか半分の一時間でかたづけられないものか」と考えてみるのです。

うまい道具を使うとか、いろいろな方法を工夫してみます。ひまそうな友だちに手伝ってもらう手もあります。

そしてそのかいあって、実際に一時間でできたとしましょう。
残りの一時間は、自分が自由に使えます。好きな本を読んだり、音楽を聴いたりして、自分のための充実した時間をすごすことができるでしょう。
方法を思いつくまでに一時間かかれば何にもなりませんが、それでも次回からは半分の時間ですみます。

つまり、何も考えずに二時間仕事をした人に一日九時間の自由な時間があるとすれば、半分の時間でかたづけた人の自由な時間は、実質的には十八時間になるというわけです。

私の家には、いたるところに時計が置いてあります。どこを見てもすぐ目にはいるように、同じ部屋に三つ四つ置いてあります。

「二点間の一点の定理」を自分の自由時間に応用すれば、九時間の自由な時間が十時間、二十時間になるかもしれない。

いつも「命は時間のなかにある」という意識でいれば、マンネリ化した日常にただ流されることなど、なくなるはずです。

「今日は常にスタート地点」

むかしにくらべて、今は何でも便利な世の中になりました。

ほんの三十年ほどまえまで、個人が携帯電話を持って歩きながら話せるようになるなんて、ほとんどの人が想像もしていませんでした。

私たちは過去と現在のことしか知りませんから、どうしても過去と現在をひきくらべ、現代の文明や文化を評価しようとします。

だからいまは、まるで文明の終点に到達しているかのような感じがするかもしれません。

そう思うと、一種の飽和状態的な気分になり、もはやあまり未来への希望がなくなってしまうでしょう。

ところが、それは錯覚なのです。

たとえばいまは、エアコンによる快適な環境のなかでくらし、パソコンであらゆる情報を瞬時に手に入れる便利さを享受しているようにみえます。

しかし考えてみれば、たとえば真夏の酷暑にコンクリートとアスファルトで囲まれ、車の排気ガスが充満する都会の路上を歩く不快さは、江戸時代にはありませんでした。

パソコンだって、使い慣れた人間にとっては便利かもしれませんが、慣れない人間にとっては、あんな使いにくくて不便なものはありません。

四苦八苦しながらやっと長い原稿やメールを書いたのに、ちょっと誤ってちがうキーを押しただけで、一瞬のうちに全部あとかたもなく消えてしまうなんて、そんなべらぼうな話が今まであったでしょうか。

「ちゃんと紙に書いておけば……」と、臍を噛む思いをした人も少なくないでしょう。

要するに、現代は**まだまだ原始的な時代**なのです。

「これからもっと本当に便利で快適な時代がやってくる」と思えば、希望のある未来という、たしかなビジョンが描けるのではないでしょうか。

たとえば都会に住みながら、まるで高山のような澄んだ空気と水と静けさ、そして自然な有機農法によるおいしい食物にめぐまれたくらし。

環境汚染のまったくない、安全な日常生活。

あるいは、より人間関係をスムーズにする目的で特化された、新しいパソコンの登場。そして、絶対に交通事故をおこさない自動車と道路の開発とか。

夢のような話ですが、私たちがそれを望み続けるなら、やがてきっと現実のものとなるでしょう。

そういう未来像が描ければ、これからはワクワクとした、期待感あふれる気分で生きていけるはずです。

人生とは自分の才能を探す旅、目的なしの散歩ではない

今までの工業化社会の屋台骨を背負っていたのは、機械産業でした。

人間はマニュアルによって機械の使い方を覚え、それを忠実に実行することで、ものを生み出していきました。

したがって人間の教育も、いかにマニュアルを理解し記憶するかという能力だけを育てればよかったのです。


途中でふと「このマニュアルはおかしいのではないか」と考えるような人間は、高度にシステム化されフル回転で走り続ける社会では、まったく必要のない、というより、混乱をまねくだけの、困った存在でした。

だから日本の〝考えさせない教育〟は、ずっと長い間続いてきたのです。

やがて、機械を働かせる立場だったはずの人間が、機械の都合によって働かされるという逆転現象が起こってきます。

たとえば印刷会社では、高いお金で購入した印刷機械をかたときも遊ばせないために、営業マンたちに必死で仕事を探させるといいます。

しかし、ひとりの人間が立ち止まって、真剣に自分の人生を考えるとき、きっと「自分はマニュアル通りに動く機械ではない」という思いに至るでしょう。

情報化コミュニケーション社会では、そういう人間がすこしずつ増えてくるはずです。

もっと自分の意思で仕事ができるような、自分らしさが仕事に生かせるような、そういう道があるのではないか。そんな意味での「自分探しの旅」がはじまります。

そんな「自分探しの旅」に出るためには、どう考えたらいいのでしょうか。

どんな人でも、自分では気づかない、隠れた才能があるものです。

たとえば、私には中学時代からの親友で、ある国立大学の名誉教授で元法学部長がいます。

専門が法律ですからなにしろ堅物なのですが、これがどういうわけか、プロデューサーというわば正反対の職業の私と、妙にウマが合うのです。

あるとき、彼の無趣味を案じて、私がやっている陶芸を勧めてみることにしました。不器用を理由に尻込みする彼を強引に説得し、なんとか陶芸仲間にすることに成功したのです。

齢《よわい》七十を越して未知の世界に足を踏み入れた先生、そのうちだんだん興が乗りだして、じつにユニークな発想のすばらしい作品を作るようになりました。

「自分にこんなことができるなんて、思ってもみなかった。君のお陰だよ」と感謝された私も、けっして悪い気はしません。

「自分には何か人にはない隠れた才能があるはず」と信じて、一度は自分探しの旅に出てみるのも、いいのではないでしょうか。その中ではきっと、思いがけない出会いが待っていることでしょう。

そういう目的なしに歩いているのは、ただの散歩でしかありません。

生まれてきた限り、あなたにはミッションが与えられている

私は、どんな人間でも、この世に生を授かったことには、何らかの意味があると考えています。

たとえば生まれつき重い障害のある子どもが、苦しい治療や手術に耐えて、自分なりにせいいっぱい生き、短い生涯を終えたとしましょう。

そのようすを見て、周囲の人たちが感動し大きな勇気をもらうことができたら、たとえはかないものであったとしても、その人生には意味があったのです。

ですから、**「自分がこの世に生まれてきたのには、何か理由があるはずだ。何か自分のミッション（使命）があるはずだ」と一度考えてみることは、絶対に必要なこと**だと思います。

言ってみればそれは、誰でもが探しに出かけるべき〝青い鳥〟なのです。

自分のミッションとは何か、自分にはどんな隠れた才能があるかを探す旅は、仕事の面やプライベートな趣味の分野、どちらでも必要だし、たとえどちらに見つかっても喜ぶべきことです。

しかしまず手始めに、プライベートな部分でいろいろ探してみるのがいいでしょう。

とはいえ、仕事は仕事できっちり自分の役割をはたしたうえでの話ですが。

かくいう私自身、あまり自慢にはなりませんが、いろいろなことを試してみました。

たとえばあるとき、自分に邦楽の才能はないものかと思い、三味線と小唄を習い始めたのです。

お師匠さんについて、一生懸命ペンペケペンペケやっていたのですが、半年も過ぎたころでしょうか、こう言われました。

「堀さん、あなたいくら教えてもだめよ。むかし合唱やってらしたっていうでしょ、だから発声そのものが洋楽なの、それが直らない。子どものころからやれば別だけど、今からではねぇ、ちょっと無理だと思うわよ」

「先生、破門ですか」

「そう言っちゃ悪いけど、そういうことかな」

それでさっさとあきらめてしまいました。


次は油絵でした。

絵が好きで世界各地のいろんな美術館で、たくさんの名画を観ているも私にとって絵はいくら描いても、なかなか自分の思い通りのレベルにまで達しないのです。それでも一生懸命描き続け、置くところがなくなって、とうとう鴨居に並べてかけるしまつでした。

あるとき家に泥棒がはいり、いろんなものを盗まれたのですが、何故かその鴨居にかけた絵がみんな裏返しになっていたのです。

それを見た瞬間「あ、自分の絵は泥棒も見たくない絵だったのか」と思いこみ、即座にもう絵はやめようと決めました。

あとで友人が「そりゃ考えすぎだよ、ここはもう探したというチェックの印で裏返っていたのさ」と笑っていましたが。

それからもいろいろな趣味に挑戦してみました。教習場や趣味の会の教室に通うとか、先生につくとか、かたっぱしから入会したり入門したりして、いろいろやってみたのです。

なにしろ**やってみなければ、才能があるかどうかはわからない**ですから。

その結果、陶芸に究極の趣味を発見しました。おかげで国内の多くの師や友人をつくることができましたし、外国にも陶芸を通じて沢山の知人ができました。

「あきらめる」という言葉の本来の意味を知っていますか。「明らかに究める」ということだそうです。つまり、何かをとことんまでつきつめて、本質を見極める。これ以上無理というところまで見極めることができたら、そこではじめて「あきらめる」ことができるというものです。

やりもしないで「どうせ才能なんてないから」「時間がない」などと、理由をつけてはいままでと同じことしか繰り返さないのなら、あなたはあなたのミッションとの出合いを見逃している可能性があります。

不運なときは、次にのびるための〝溜め〟

ふり返ってみると人生にはついているときもあれば、ついていないときもあります。
ついていないとき、自分の**過去の不運な時期をかえりみてみると、何かしら一定の周期がある**ことに気がつくはずです。

一度自分のこれまでの人生の年譜を作ると、それがよくわかるかもしれません。
誕生の年から現在まで、年ごとに大きなできごとを書いていってみるのです。
不運に周期があれば、とうぜん幸運にも周期があるでしょう。
つまり不運の時期の次には、かならず幸運の時期がめぐってくるということです。

私の人生も、順風満帆《じゅんぷうまんぱん》でここまできたわけでは決してありません。
自分と合わない上司にこてんぱんにやっつけられ、ふて腐れた時期もありました。
そんなとき、どうしたか。

今はじっとがまんの時期、こんどやってくる幸運の時期で大飛躍をするための〝溜め〟の期間なのだ、そう思って一生懸命勉強することにしました。

いろいろな勉強会や講演会へ出かけていって、人の話をよく聞きました。

またプロデューサーという仕事がら、博物館や美術館、動物園、あるいは世界遺産となっている遺跡や名所など、世界中ずいぶん観てまわりました。

そうやって見聞を広め、私の知的財産として貯金していたのです。

今では逆に、人さまの前で講演することのほうが多いのですが、そのときの経験や貯金がどれほど役に立っているかしれません。

もし、何をやってもうまくいかない、不運な時期のまっただ中だと思っているのなら、ぜひそうしてみてください。

何か自分の思考を深めてくれたり、教養の幅を広げてくれたり、人格を高めてくれるようなものに多く接すること。

分野なんて、めちゃくちゃでいい。どんな方向にも、あなたの役に立つ出会いはあるのです。

ただそのとき、ひとつだけ気をつけておくとよいことがあります。

それは、**できるだけ「一流のもの」に接するよう心がけること**です。

なるべく二流、三流のものには接しない。

そうすることで、自然に高い見識と、一流のものを見分けられる目や耳、美意識が備わってくるからです。

古美術商が新人を育てるとき、よいもの、一流のものだけを徹底的に観せるそうです。

そうすることではじめて、贋物を見分ける目が養えるからですが、これとまったく同じことです。

好調なとき、人生の滝壷は目の前にある

人生を川の流れにたとえた歌があります。

あれを聴いていると、とうとうと流れる一本の大きな川をイメージしてしまいますが、現実はそれとはすこしちがいます。

最初はごく小さな湧水が集まり、やがて渓谷の急流となって勢いを増します。

そしてゆるやかでほどよい、順調な流れが続いたかと思うと、急にドーンと滝になって落ち、また急流になったりする。

仕事が順調にいき、人間関係もすごく充実している、やることなすことうまくいって怖いくらい……という順調な流れのときは、じつは〝滝壷に落ちる〟前兆なのかもしれません。

滝壷に落ちるという意味は、仕事や健康、家庭生活など、いろいろな面にあります。

たとえば「今日も元気だタバコがうまい！」なんて言っていたへビースモーカーが、会社の健康診断で「肺がんの疑いあり」なんて言われると、一気に滝壷に落とされた

ような気分になるでしょう。

あるいは会社の女性と不倫関係になり、妻が気づいてないようすに安心し、すっかりいい気分で順調な日々を送っていたら、ある日突然妻から、興信所の調査記録と離婚届けの書類を突きつけられたとか。

滝壷に落ちるとき、落ちていく当人はなかなか客観的に事態を把握できません。

そこで対応を誤ることが多いのです。

ではどうしたらいいか。

好調なときにそれに浮かれず、「これは滝壷へ落ちる前兆かもしれない」と考えて、できるだけ客観的な冷静な目で事態を捉えるようにすることです。

そして落ちるのを避ける方法はないか考えたり、もし落ちた場合にはどのような落ち方をしたほうがベターか、計算しておくことでしょう。

これも私ごとになりますが、私は若いころからデータ分析の研究のために、株を買っていました。しかし、あのバブル崩壊の寸前、私は株から撤退すると皆に宣言し、ほんとうにほとんどの株を手放しました。

また自分の事務所も銀座の表通りの一等地にありましたが、不況の到来を予測すると見栄を張らずに築地へ引っ越してしまいました。

理由は、こんなふうに経済が上がり続けていくわけがない、単純に考えてあり得ないことだと思ったからです。

ある人は「堀さんは勘が鋭いねぇ」と言いましたが、勘だけで判断したわけではありません。長年の経験とデータから、そして、何よりも信頼できる友人・知人の情報から、客観的に考えた結論だったのです。この客観的な目を持ち、先を見据えることと友人・知人との出会いはとてもたいせつなことです。


滝壺を避けるため、もしくはよりよい落ち方を探ろうとすれば、自ずと必要な人物像、もしくは人物そのものが見えてくるでしょう。

そうして出会った人物は、あなたの人生にとっても大きなターニングポイントを与えてくれる可能性が高いのです。

好調なとき、それに浮かれてばかりいれば、真っさかさまに滝壺に落ちてしまうばかりか、最高の出会いをも見逃すことになりかねません。

第3章　「いい出会い」をするための仕事観を持つ

出会いの半分は自分のため、もう半分は相手のためにある

いつも「いい出会いをしたい」と意識し、心がけることはたいせつですが、ひとつ気をつけておきたい大事なことがあります。

それは、**「相手がどれだけ自分の役に立つか」だけを考えるのではなく、「自分も相手のためにどれくらい役立てるか」**と考えることです。

出会いの半分は自分のためですが、半分は相手のためでもあります。

そういう認識がないと、かならず出会いは一方通行的なものになってしまい、けっして成熟したものになりません。

たとえば会社の人事異動で、こんど自分の課に、上司として系列会社から新しい課長が就任してきたとしましょう。新しい出会いです。

その人はまえの課長とちがい、どちらかというと無口でぶっきらぼうで、仕事の指示や説明も十分にしてくれません。

「上司は何もしてくれない」とだんだんストレスがたまり、（これは最悪の出会いだ……）などと思ってしまう。

しかしそれは、一方的に出会いの利を求めているにすぎません。

もしこれをいい出会いにしようと思うのなら、新任でまだ勝手がよくわからない課長のために、たとえ自分が下の立場であっても「自分は何をしてあげられるだろうか」、そう考える意識がほしいのです。

それは別にゴマをすったり、ただ追随するだけのことではもちろんありません。

必要であれば、きちんと自分の意見をのべるし、本当に課長のために役立つことは何かを考えることです。

そうすれば、無口でぶっきらぼうではあっても、まえの課長にはなかった、別のよいところがわかってくるかもしれないのです。

それが、出会いの成熟ということです。

正直に言えば、若い時期にはまだそこまで配慮する余裕はないかもしれません。

じつは、私もはっきりとそれを意識するようになったのは、ある程度の年齢になってからのことです。

しかし上下関係にこだわらず、**相手の立場を考えるとか、相手を思いやる意識を若いときから持つようにしていれば、それは将来かならずあなたのためになります。**

これは、はっきりと断言できます。

「出会い」としての上司と部下の関係

先に「出会いの半分は自分のため、そしてもう半分は相手のため」とお話ししました。
たとえば上司と部下の関係において、部下は上司のために何ができるか。
与えられた仕事をこなしているだけでは、ただふつうの関係でしかありません。
これは一度「**上司の立場に立ってその仕事を考えてみる**」といいのです。

新入社員のようなまだ若い人には難しいかもしれませんが、ある程度経験を積んだ社員なら、上司の仕事の内容や範囲がどのようなものか、だいたいわかるはずです。
そうすれば、上司がいま自分にやらせている仕事を、どのように完成させるのが一番よいのか見えてくるし、あるいは先読みして、より以上のかたちに仕上げることもできるかもしれません。

また場合によっては、上司の仕事にプラスとなるような人材を、自分の知り合い関係や人脈から紹介してあげられるかもしれません。

そういうことが積み重なれば、上司のあなたに対する見方は、今まではきっとちがったものになってくるでしょう。

上司にとっての最高の部下は、自分が必要とするもの、あるいはそれ以上のものを、すばやく的確に提供してくれる部下なのです。

では逆に、**部下にとって最高の上司とは**どんな人か。

人によって考え方がいろいろあるでしょうが、私は、**部下の才能を見出して、できるだけそれをのばしてやり、仕事の面でその才能を生かせるように育てることができる人**だと考えています。

私は電通に勤めていたころ、いろいろな企業の役員のご子息をお預かりしました。中でひとり、ある有名会社の副社長の息子さんがおられたのですが、やはり育ちがいいというか、何かにつけゆっくりとした、じつに鷹揚な雰囲気なのです。

広告会社の仕事もさまざまですが、ツーといえばカーという、ある意味で生き馬の目を抜くような仕事が多いので、とてもではないが務まる感じではありませんでした。

しかし彼にいろんな仕事をやってもらううち、とても字が上手なことに気がつきました。

会社の仕事で、字を書く必要があるシーンは結構多いのです。

もちろんただ書けばいいというものではなく、たとえばスポンサーへのお礼状などは、やはり達筆で書かれたものは、大きくいえば会社自体のイメージアップ、そして信用にもつながるものです。

そこで私のグループでは、字を書く必要があるときは、みんな彼に任せることに決めました。これは誰でも大助かりです。

それからの彼は大いそがしで、わからない字は辞書を引いたりしながら、ますます字も上手になるし、みんなに重宝される人気者になりました。

もし彼がふつうのプロデューサーの下で仕事をしていたら、不遇のつらい日々を送るか、はては会社を辞めるようになっていたかもしれません。

いささか手前味噌のような話で恐縮ですが。

ひとつ上の立場から自分を見ると、成すべき仕事が見えてくる

「上司の立場に立ってその仕事を考えてみる」と、部下である自分の成すべき仕事が見えてきます。

係長になったら課長の目、課長になったら部長の目、部長になったら経営者の目というふうに、今の自分よりひとつ上の目で自分を見ることがたいせつです。

わかりやすい例でお話ししましょう。

たとえばここにA部長と、その下にB・C・Dという三人の課長がいて、部として急務の仕事がいくつかあるとします。

そのうちひとつは、会社にとってひじょうに重要ですが、誰が見ても困難な仕事です。B課長とC課長は「とにかくまず早くできるものから」という口実で、比較的簡単な仕事を選ぼうとしています。

D課長は考えます。

（案の定あの仕事が残りそうだ。しかし誰もやらなければ、A部長は社内で窮地に立たされることは間違いないだろうな……）

そこで、その困難な仕事を、進んでやることにしたのです。

A部長は「君、やってくれるか」といって、心からホッとした表情を見せました。

ひょっとするとこのとき、心の中で自分の後継者をD課長に決めたかもしれません。

このとき、D課長はひとつ上の立場から、自分を見ていたのです。

そして自分の成すべき仕事を見つけたということです。

ふつう、会社へはいってから、係長、課長と上がっていくのに、それほどの時間はかかりません。**ところがいつまでも下にいる人というのは、だいたい上の立場のことなど考えたことのない人が多い**のではないでしょうか。

要するに、上の立場の人間にとってみれば、自分のあと継ぎにできないのです。

ちょっと規模はちがいますが、意味は同じ話があります。

東京ディズニーランドがオープンすると、いろんな会社から商品の売り込みがありました。ところが「この商品、うちのどの売場で売ったら良いとお考えですか」と聞くと、「いえ、お宅にうかがったことがないので、ちょっとわからないのですけど……」と言います。

この方は自分で東京ディズニーランドのことをまったく調べていなかったのです。

売り込む側は相手の立場を考えるべきでしょう。

その仕入れ先の立場に立って考えて、「うちの商品をこういう売場で扱ってくだされば、キャラクターとの相乗効果で、きっとお役に立つと思います」という売り場を理解した上での提案ならば、相手も考えやすいのではないでしょうか。

東京ディズニーランドは、テーマパークなのだから、どのテーマに合わせて、何を売るのかを、いっしょに考えてほしいわけです。

自分の立場でしかものを考えられない人は、結構多いものです。

仕事と私生活の空間の区別があいまいだと、人間関係に苦労する

私の経験からいえば、仕事での苦労の半分以上は人間関係です。これを読んでおられるみなさんは、きっと私よりずっと若い方々でしょう。これからいろいろ苦労されるでしょうが、でもそれはきっと無駄にはなりません。

人間関係には決まった方程式のようなものはなく、「この場合はこう」というようなマニュアルを覚えてさえいれば解決、というわけにはいかない。

したがってさまざまな苦労の経験が、その解決法のカギになることが多いのです。

ただ、不必要な人間関係の軋轢《あつれき》をさけるために、覚えておくといいことをひとつ申し上げましょう。

組織における仕事の場は、最終的にはお金と時間を基礎にしたきわめて合理的な空間であり、私生活は主として感性が支配する空間であるということです（こ

れは一種の極論なのですが)。

組織の仕事の空間は、けっして感性の世界、感情が支配する世界ではありません。たとえば不況で会社がリストラを余儀なくされたとき、あなたがその対象者リストにはいっているとします。

あなたが「私は一生懸命働き、会社のために尽した」と口でいっても、そういう感情的な思い入れは、あなたにとって何の解決も与えてくれません。

会社組織というのはそういう意味で、冷徹なものです。

もちろん日常的には、上司と部下の感覚的なものが合い、それによって大きな仕事がうまくいくとか、そういうこともあるでしょう。

また部分的に感情に支配され、それが結果的に仕事に影響することもないではない。

しかし最終的、根本的には、「どれだけ利潤を上げられるか」に帰する、きわめて理性的な世界なのです。

対してプライベートな生活は、家族でスポーツや芸術を楽しんだり、あるいは共通の趣味の友人と楽しく語らいながら大笑いしたりして、思いきり感性を解放し、躍動させるべき空間です。

そういう空間に、「会社でこんな不愉快なことがあった」なんていうことを持ち込んで、楽しいわけがありません。

人間関係の軋轢は、この二つの世界を混同したり、とりちがえることによって起こることが多いのです。

必要以上に感情を持ち込まず、「利潤をあげる」というビジネスの最終目標にさえ焦点を合わせていれば、感情的衝突のたびにエネルギーを消耗することなく、仕事を押しすすめることができるでしょう。

理性と感性は心の両輪であり、ほどよくバランスを保ちながら、どちらも充実させることがたいせつなのです。

会社より大きな人間であれ

工業化社会から情報化コミュニケーション社会への移行は、革命的ともいえる時代の転換なのですが、そのことをよく認識している人は、まだごく少数ではないかと思っています。

いまだ工業化社会的発想から抜けられない会社では、社員は製品を生み出す機械と同じように、組織に組み込まれています。

だからリストラされるときなどは、「自分は重要な部品なのに、なぜはずされるのか」という考え方になります。

しかしこれからは、**人間が心や頭のなかで創造していくことが価値を生み出す、情報化社会の時代**です。

となると社員は、もはや単なる部品ではなくなります。

有能な社員自身が自分をどんどんのばしていき、その社員が大きくなるから会社も大きくなる、という構造になっていくのです。

つまり〝会社より大きな人間〟が出てくる可能性があるということであり、そうなると会社は、会社より小さい人間を必要としなくなるでしょう。

つまり、大きく伸びる会社と社員との関係は、**お互いに時代が変化していることを鋭敏に感じ取り、その流れに適合できるかどうか**ともいえるでしょう。そして、これからどんな会社にも起こり得ることです。

しかし、会社より大きな人間であろうとする人のまわりには、同じ志を持った人たちが集まります。そうすれば、まえにお話したように、出会いがいくつも重なって起こる「心の振幅」が大きくなり、さらなる相乗効果が期待できるのです。

時代の変化を先取りして倫理観を変え、一歩先のビジョンを持つ

時代の変化とともに、価値観や倫理観も大きく変わっていきます。

たとえば戦前の日本では、まだ古い封建制度や家父長制度のなごりで、男尊女卑の考え方が一般的でした。

しかし戦後になって、そんな価値観を持ち続けて生きてきた男性を待っていたのは、「定年離婚」です。

あるいはセクハラ問題を起こす男性も、たいていはそういう価値観を引きずってきた人でしょう。

敗戦、占領、そして民主主義の普及という劇的な社会変化を経験しながら、まだ戦前の価値観や倫理観を引きずっているというのは、どういうことでしょうか。

それは、**いったん人間の頭のなかに植えつけられた価値観や倫理観は、容易な**

ことでは消えないことを物語っています。

つまり人間は、本質的には保守的な志向の生きものなのです。

だから時代の変化による価値観・倫理観の変化にも、すばやく対応できる人は少ないのだと思います。

近年日本では、いろいろな会社で不祥事が起こり、企業倫理が問題になっています。

しかし大多数の企業は、そういった時代の変化に対応できない人間の寄せ集めですから、これは当然の結果と言えるのかもしれません。

また、物質的豊かさだけを追い求め、利潤追求至上主義によって高度経済成長の道を走り続けた工業化社会の会社人間たちには、ほんらい人間がもっていなければならない基本的な倫理観さえ欠けていたのです。

私が三井不動産の江戸英雄会長に呼ばれ、日本にディズニーランドを誘致したときの話です。

私はまず共同開発研究のために本場カリフォルニアのディズニーランドへ行き、勉強することになりました。

そして驚いたことがあります。

それは、どの建物でも可能なかぎり階段をなくしているということです。

聞けば理由は、幼い子でもお年寄りでも、また身体に障害のある人でも、家族みんなで来てもらい、安全に楽しんでもらうためには、階段をなくし、ゆるやかなスロープにしたほうがよいからだと。

やがて実際に東京ディズニーランドをつくるときにも、ゆるやかな傾斜をどのようにつけるかあるいは滑り止めの方法など、あらゆる角度から研究がなされたのです。

これが二十九年まえ、まだバリアフリーなんて誰も論議していなかったころの話です。

また東京ディズニーランドをオープンしたころは、たとえば農薬の環境への悪い影響などという問題も、あまり話題に上りませんでした。

しかしオープンして三年たったころには、海外で農薬の自然汚染の実態がわかってきたのです。

そこで東京ディズニーランドでは、環境への配慮から園内に大量に植えられた樹木に、ヘリコプターから殺虫剤を散布するのをやめました。

どうしたかというと、なるべく人間に害のない、自然界に害のない殺虫剤を、人海戦術で一本一本に、まくようにしたのです。

これはコストがだいぶかかる方法ですが、それよりもまず人と自然の安全を優先させることがたいせつと考えたのです。

このように**倫理観は、時代の変化を先取りして変化させていくべきものであって、後追いではダメ**なのです。

一歩先の価値観・倫理観を持つことも、より高いレベルの出会いを増やし、「心の振幅」を大きくさせることでしょう。

経験のないところに正しい直感はない。他人の経験さえも自分の糧としよう

人生においても仕事においても、大きな決断をしなければならないときがあります。そんな場合は、あらゆる判断材料を集め、よく分析・検討して、きわめて理性的に決断を下さなくてはなりません。

たとえば、そうやって最終的に、AかBかの二つの選択肢が残ったとします。その二つには、どちらも同じようなメリットとデメリット、リスクがある。そんなとき、最後に働かせるのは「直感」しかありません。

私は、**直感とは「経験」の集積から生まれる**と思っています。こういう場合はこうだった、あのケースではこうだった、そういうたくさんの経験の束がひとつになって、確率上こういう場合は多分こうだ、という結論にいたる。そういう**論理的思考が、じつは脳のなかで瞬時に展開されている**のではないでし

ょうか。

瞬時のことだから、本人自身もまさかそんな手続きをふんだ思考の結果とも思えず、これを直感とか「勘」とかいう言葉でかたづけているのです。

私は、経験のないところに、正しい直感があるとは思いません。

だから「勘の鋭い人」というのは、豊富な経験の集積と、その経験から多くのことを学んでいる人なのだと考えています。

人と出会い、お付き合いを続けていくなかでも、この「直感＝経験」が重要な役割を担うことは、多くあると思います。

ただし、経験は絶対的なものではありません。

古い時代の経験は、現在は通用しないこともあります。

だから**古い経験だけに頼っていると、直感力は鈍って、正しい判断ができないことがあります**。

時代の変化とともに、新しい考え方や見方をインプットしておく必要があるのです。

そのためにはやはり、興味を持ったことは、片っ端から体験してみることが必要でしょう。体験しきれないことは、上司や同僚の経験を参考にすればよい。

たとえば、仕事で上司や同僚が大成功したとか、あるいは重大な失敗をしたとかの経験も、自分なりによく分析してインプットしておけば、いつか役に立ちます。

私も、知人が手がけたテレビ番組を見て、なぜこれが当たったのだろうと考えたり、分析したものです。

自分自身をよく分析し、自分の〝羽〟で飛べる範囲を理解しておく

ギリシャ神話の「イカロスの翼」の話を、ご存知でしょうか。
名工ダイダロスの子であるイカロスが、父の発明した翼をつけて空を飛びます。しかし喜んであまりに高く飛びすぎたために、太陽の熱で翼の蝋が溶けてしまい、海に落ちて死んでしまうという話です。

この寓話の意味する人生訓は、「身の丈を知った生き方」ということでしょう。飛べるからといって、はてしなく飛んでいけるわけではない。これ以上飛べば蝋が溶けてしまう、つまり、**自分の飛べる範囲をしっかりと理解しておこう**、ということです。

正直に言えば、私は人とお付き合いするのは、あまり上手なほうではありません。
というのは、自分の性格には欠陥があり、どちらかというと自己中心的であると自

己分析しているからです。

だから何かの拍子に、相手に不快感を与えてしまうかもしれないと、若い頃から不安があるのです。

しかし、社会生活はそれではやっていけませんから、いつも、あることを心がけるようにしていました。

それは、**できるだけ自分の言動を客観的に分析し、客観的立場を認識しておくこと**です。

仕事を転々としたって、いいじゃないか

よく転々と会社や職を変わる人に対して、腰が落ちつかないとか、考え方が定まらないとか、非難めいた言い方をすることがあります。

しかし私は、「それもいいじゃないか」と思っています。

というのは私自身、どちらかというとそういう道を歩んできた人間で、それなりの理由もあったからです。

自分を前身させる仕事を発見したら、どんどん仕事は変わっていいと私は思います。

なんと言っても、一度しか生きられない短い人生なのですから。

私の電通時代の上役で、小谷正一という大プロデューサーがいました。

日本の民放を最初につくった一人で、井上靖の小説『闘牛』のモデルでもあるので

すが、私はこの人を目標にして仕事をしてきたところがあって、いわば恩師ともいえる人です。

その小谷さんは、「だいたいひとつの仕事は一年やればわかる、僕は二年目には原則として変わるんだ」と言っておられました。

本気を出して一年間、一生懸命やったら、たいていの仕事はわかるかもしれません。私もだいぶその考え方に影響を受けております。

学生のときに「自分に向いていそうな会社」と思って就職はしたけれど、実際はまったく向いていなかったとか、そういうことはよくあります。

あるいは再就職した会社に勤めだしてみたら、人間関係がギスギスしてストレスがたまる一方で、とてもじゃないけどやっていられない、なんてこともあるでしょう。

仕事を変えようとする人の理由もさまざまでしょうが、やはり漠然とした気分で決めるのではなく、自分を前進させる仕事を見つけきちんとした自分なりの理由をもって変わりたいものです。

客観的に自分の能力を認識し、その仕事の将来的な展望と見合わせて、やめる

ときを決断するというような、そういうかたちをとりたい。

なぜなら、そうすることでたとえ一年間の短い期間でも、貴重な経験として自分のなかに集積され前進していくからです。

理由が「自分に向いてないから」でもいいのですが、なぜ向いてないのか、その仕事が自分の性格に合わないからか、それとも自分の能力が足らないからか、そういう客観的な分析もしておくことです。

それをやっておかないと、経験は生きてきません。

たんなる出会いを最高の出会いにする二つのポイント

職が変わる、会社が変わるということは、大きな環境の変化であり、仕事関係の新しい出会いも当然多くなります。

出会いの総数が増えれば、いい出会いが増える確率も高くなるでしょう。

そこで、さらにどういうことを心がけたらいいでしょうか。

私はまず、**新しい環境で求められる自分の仕事の内容や質を、客観的に正確に理解すること**だと思います。

それは、いままでの会社で求められたのと同じことかもしれないし、ちがうことかもしれません。あるいは部分的には同じで、あとはまったくちがうかもしれません。

しかしまずそれができないと、無用のトラブルの原因になることがあります。

たとえば長年「売上げ第一」の気風の会社でやってきた人が、転職した新しい会社で、いままでのようにバリバリ仕事を始めたとします。ところがしばらくして、どうも自分ひとりが〝浮いて〟いるような気がして、よく観察してみたら、そこは「品質第一」の気風なのでした。

道理で、こまかいところでみんなと意見がくいちがうことが多いはずと、そのときようやく彼は納得するのです。

もうひとつ心がけることは、**新しい環境では、自分にとって新しい視点が必要になってきますが、そういう視点を得るために必要なことを、自主的に学んでいく**ということです。

すると、学ぶ段階でもまたいろいろな出会いがありますし、それは後々自分のためになることが多いのです。

私は電通にはいって、まずラジオプロデューサーと文化映画の進行の仕事をやらされました。

私は世界に通用するような〝本物の〟プロデューサーになりたかったので、実際にそういう人たちのことを勉強しはじめました。

すると彼らは、いろいろな知識や才能があるけれども、プロジェクトのために金融機関などからお金を引き出してくるのもたいせつな仕事だと知りました。

また時には政治的な工作力も必要だと知り、本物のプロデューサーにはじつに幅広い「人間力」が必要であることに気がつきました。

そこで私は、金融機関や財界、政治家や官僚、そういったところに自分の人脈やネットワークを広げる必要を痛感したのです。

そういう人たちに近づくにはどうしたらいいかを考え、商工会議所や青年会議所などの団体に入って、積極的に「必要な出会い」を求めていきました。

ふり返ってみれば、**そのときの出会いが、私の大きな財産になった**と思います。

新しい環境で、自分に求められる仕事の内容と質を理解すること、新しい視点を得るのに必要なことを自主的に学ぶこと、この二つを心がけていれば、たんなる出会いを最高の出会いにすることも、難しくないかもしれません。

お酒はプライベートな場での潤滑油、仕事では使わない

むかしから日本の会社では、仕事とプライベートの境界がずいぶん曖昧なところがありました。

昭和三、四十年代に流行した東宝映画「社長シリーズ」では、森繁久彌扮する社長の休日に、部下の三木のり平や小林桂樹が付き合わされるシーンも出てきます。

多少は戯画化されてはいますが、それでも実際に多くの会社では、このような光景は日常茶飯事だったでしょう。

ある意味ではこうした会社大家族主義が、戦後日本の工業化社会、そしてその高度経済成長をささえていたのは否定できません。

しかしそれは、多くは社員の私生活の、犠牲の上に成り立っていたのです。

ただ日本人の頭のなかに、まだ「プライベート」という西洋の概念が、一般化され

ていなかったという事情があったこともたしかです。

現在はプライベートの概念も浸透し、さすがに休日ゴルフに部下を付き合わせる上司も少なくなったでしょう。

それでもまだ、たとえばリストラされた社員の送別会などのように、理性（仕事）の場に感情（プライベート）を持ち込むようなことが行なわれています。

そしてそういう曖昧な境界をうめるものとして、お酒が有効的に使われているのです。

私は仕事でもプライベートでも、アメリカ人とよく付き合いました。

彼らのスタイルでは、仕事にお酒を使うことはあまりなく、日本でいう〝飲み会〟は盛んではありません。

その代わり、プライベートなパーティーが、ひじょうに盛んに行なわれます。

そこでの話題は、もちろん仕事に関することではなく、おもに趣味の話です。

ジョークを飛ばしたり、ユーモアをまじえながら、楽しく語らいます。だからこれといった趣味もなく、冗談も言えないような日本人には、彼らのパーティーは苦痛きわまりないでしょう。

私は英語はあまり上手くありませんが、それでもそういう場で一杯はいって趣味の話になると、がぜん元気になって話の輪に加わりました。私が大好きな絵の話でカンディンスキーやボッシュの話に結構向こうの人たちも応じてきたりして、面白いものでした。

お酒に関していえば、日本人のように飲み屋で仕事の話をするとか、上役の悪口をいうような飲み方より、仕事とプライベートをきっちり分けたアメリカ人のスタイルのほうが、私は好きです。

酒は、理性の制御から感情を解放させるためにあるのです。

だから**感性中心のプライベートの場で用いてこそ、ほんらいの有用性を生かせる。**

それを、理性的な仕事の場で用いるというのは、ばかげたことです。

「酒によって本音を語り合うことができる」といいますが、では逆にいえば、酒を飲まずに仕事をしているときは、たてまえだけでやっているということでしょうか。

それではいい仕事ができるはずはありません。

日本人も日本の社会も、夜の商談とか接待のお酒とか、もうそういう古いパターンからそろそろ抜け出す必要があると思います。

プライベートでは、豊かな趣味を話題にグラスを傾けながら、おたがいの教養や人格を認め合って交流を深める。

その延長として、仕事の場での合理的な協力関係を築き上げる。

そういうスタイルが、これからのコミュニケーション社会、国際社会では必要になってくるのです。

第4章　「出会い力」をつけるために

出会い上手とは、自ら出会いのチャンスを数多くつくる人

「出会い力」をつけるために、まず一番大事なことは何でしょうか。

それは、自分で積極的に出会いのチャンスつくることです。

単純にいえば、一年に百人と出会う人と、千人との出会いがある人では、いい出会いをつかむ確率は一対十ということになるでしょう。

当たり前のようですが、**出会いの数が多ければ多いほど、いい出会いにめぐり合う確率も高い**のは真理です。

「街角でふと出会った」とか、「予期せぬ出会い」とか、出会いという言葉には、なにかしら偶然的なニュアンスが含まれています。

そんなことから、出会いは「待っていれば向こうからやってくるもの」のように、思っている人も多いのではないでしょうか。

しかしそれでは、いつまでたっても「良い出会い力」は身につきません。

積極的に自分のほうから出かけていって、良い出会いのチャンスを多くつくれる人こそ、有効な出会い力をつけることができるのです。

熟れた果実の木の下で口をあけて待っていても、いい出会いという果実は、なかなか落ちてきてはくれないのです。

私は出会い上手かどうかわかりませんが、とにかく一流の人と会うように務めてきました。

先にもお話ししたように、本物のプロデューサーを目指すには、政・財界人や官僚と知り合いになっておく必要があると考えたからです。

またそういう人たちから、いろいろなことを学んで吸収したいとも思っていました。

たとえば優れた経営者に会うために、三十代で商工会議所にはいり、委員会にもまめに出席して、どんどん自分の意見などを言っていました。

また青年会議所にも入り、いろんな若い経営者とディスカッションを重ねました。

さらには四十歳のとき、親しい友人と「政経同志会」という会を立ち上げて、政界に多くの知己をつくりました。

そののちに、信用を蓄積し、いつの間にか「あいつはちょっとできるやつだ」などと評価されるようになり、またいろんな人に紹介されて、出会いは加速度的に増えていったのです。

オリエンタルランドに入ったときには、まず遊園地について勉強しました。

するとどうも、国内の遊園地には経営の面などでこれからの時代に適応しないと思うことがいろいろ出てきました。

そこで世界中の有名な遊園地の社長に、「お目にかかってお話をうかがいたい」と、かたっぱしから手紙を書いたのです。

先方もそれほど暇ではないでしょうが、それでも遠い日本からわざわざ会いにくるというので、結構会ってくれました。

ですから、たとえばチボリ公園（デンマーク）やマダムタッソー蝋人形館（英国）、マドローダム（オランダ）等の社長や役員と知り合いになりました。

そして、その人たちが話してくれたことが、東京ディズニーランドの立ち上げにどれほど役立っているかわかりません。

もちろん私の出会いにも、単に通り過ぎていっただけのものは無数にあります。その中には本当は素晴らしい出会いがあったのに、そのチャンスを逃していたものもあったかも知れません。

しかし、ほかのサラリーマンにくらべれば、出会いの総数は、はるかに私のほうが多かったのではないかと思います。

とにかくそれは、私が意識的に、積極的に良い出会いのチャンスをつくり上げてきた結果です。

「自分の本質」を知らなければ出会いを無駄にする

画家ゴッホは三十七年の生涯で、四十数点の自画像を残しました。

これは異例とも言える多さですが、自ら精神の病があることを知っていた彼が、客観的にまた執拗に、自己を見つめ続けた行為の軌跡です。

日本でもたいていの洋画家は、一枚くらいは自画像を描いています。

客観的に自分自身を見つめてみたいという欲求は、じつは人それぞれの心の中に、潜在的にあるものかもしれません。

私も折にふれ撮られた自分の顔写真を、じっとながめるときがあります。

すると、笑ったときはみなまったく同じ顔をしています。

ところが人と話をしている写真を見ると、困ったような顔、困惑した表情のものも多くあります。

「なんでこんな困ったような顔をしてるんだろう」と考えて気がついたのは、それはみな何かを考えているときでした。

自分ではただふつうに考えているにすぎないとき、他の人は私の窮地に追い込まれたような表情をみて、いったいどう感じるでしょうか。

もしそれによって不安感を抱くとしたら、あまりいいことではありません。

これは気をつけなければいけないな、と思ったことでした。

とにかく**一度、自分自身をいろいろな角度から客観的に見てみるということは、たいせつなこと**だと思います。

なぜなら、それによって**自分の本質をよく認識し、その本質を生かすための出会いをキャッチしやすくなるから**です。

たとえばここに、のど自慢でいつも賞をもらうような、とても歌の上手な人がいるとしましょう。

彼はプロの歌手になりたいと思っているのですが、なかなかそのチャンスがきません。

そんなとき、ひょんなきっかけで芸能プロダクションの社長と出会い、そのプロダクション専属のプロ歌手のマネージャーにならないかと誘われたのです。

歌の世界に憧れていた彼は、その仕事を続けていれば、やがて歌手になるチャンスもきっとあるだろうと思い、一も二もなく引き受けました。

ところが結果は、大失敗でした。

彼には歌の才能はありましたが、人との交渉能力がなかったのです。

それは、マネージャーという仕事には致命的でした。結局、彼は憧れの歌の世界もあきらめることになってしまいました。

要するに彼は、自分の本質をよく理解できていなかったのです。

自分の本質とは才能や性格、ものの考え方などあらゆることですが、これを客観的に認識するのは、意外にむずかしいのです。

出会いとは「相手に発見され、相手を発見すること」

人間関係のかたちはさまざまですが、これをバランスという面で考えてみると、二つのパターンになるでしょう。

ひとつは、親子とか、師弟（先生と生徒）とか、一方がもう一方を精神的に指導したり教育する関係です。

これは指導される側が、指導する側に全面的に依存していますから、いわばアンバランスな人間関係です。

もうひとつは、それ以外のたとえば友人関係のような、対等な人間関係です。

会社の上司と部下の関係は、形式上はアンバランス関係ですが、部下が上司に精神的に全面的に依存しているわけではありませんから、対等関係と考えます。

上司は部下を指導したり教育しますが、それもあくまで仕事の領域であって、親子や先生と生徒のような関係ではありません。

ですから成長して自我が確立した人間が社会へ出れば、基本的にはその精神において、どんな相手とだろうと対等関係なのです。

社会における出会いもこれと同じで、それによっておたがいにどんな利点があったかは、基本的に対等であると考えるべきでしょう。

だからまえにもお話ししたように、「出会いの半分は自分のため、もう半分は相手のためにある」ということです。

たとえばあなたが、出会った相手の隠れた才能を発見して、「あなたにはこんな才能があったんですね」と言えば、相手は喜ぶでしょう。

そして別のときに相手から、「あなたがそんなことをできる人だなんて、びっくりしました」と言われれば、あなたも悪い気はしないでしょう。

そのようにしておたがいの関係が成熟し、結果としていい出会いになっていくのです。

もしこれが、一方が相手のいいところを発見しようと努力しているのに、もう片方はそんなことに無頓着だとしたら、ふたりの関係はやがてフェイドアウト、ということになってしまうでしょう。

出会いとは、相手のいいところや才能などを発見することであり、また同様に自分も発見されることです。

そしてそれが、フィフティ・フィフティだということなのです。

「人に発表できる自分のもの」を持っておく

人と会うのが苦手、初対面の人となかなかうちとけられないという人は、結構いるものです。

引っ込み思案だとか、内向的な性格だとか、いろいろ理由はあるのでしょうが、もうひとつ、挨拶するのがなんとなく面倒だとか、嫌だとかいうこともあります。

一対一での挨拶ならともかく、たとえばいろんな会や団体に入会したときには、最初のセレモニーとしてみんなに挨拶する場合が多い。

慣れない人にとっては、それが苦痛です。

たしかに、見知らぬ人に最初に挨拶するときは、きちんとした敬語も使わなくてはいけないし、ずいぶん神経を使います。

とくに仕事関係となると、緊張してくたびれる。それがうっとうしくて嫌なのです。

しかし出会い力をつけるためには、これをなんとか改善しなければなりません。**挨拶が嫌でないようにしなければだめ**です。

でもそれは、何も特別な才能が必要なわけではないのですから、自分で前向きな気持ちになるだけで、ずいぶんちがってきます。

もうひとつ、心がけておくとよいことがあります。

それは、**「人に発表できるような自分のもの」を持つこと**です。

もちろんそれは、某テレビ番組が鑑定するようなお宝（物品）ではなく、**知識や見識とか、ものの考え方、あるいは教養、そういう内面的・精神的なもの**です。

ただしこれは、即席で身につくものではありませんから、それなりの時間と、継続する気持ちが必要です。

たとえば私は、いろいろなデータに関心があって、データブックの類をマメに仕入れています。

就業率や失業率、そして出生率、あるいはどれくらいの年齢で結婚するのが多いかを見る結婚年齢のデータ、また犯罪検挙率など、じつにさまざまなデータがあります。

これは、霞ヶ関に政府刊行物を専門に売っているところがあって、もちろん誰でも買えます。値段も七百円くらいからあります。

新しいデータは春秋の年二回発表されるものが多いので、私はすくなくとも年二回は足を運んで手に入れるようにしています。


これをながめているだけで結構面白いし、そこから自分なりにいろいろなことを考えたり、仕事のヒントになることもあります。

そういう習慣があると、たとえば通勤電車で多く見られるようになったやや年配の女性の姿に目が行くようになります。すると「女性の社会進出は、最近だいぶ増えているけど、年齢的にはどうなっているんだろう」「未婚者と既婚者との割合はどのくらいだろうか」などという素朴な疑問がわいてきたりするのです。

そうなると、手元にあるデータブック『目で見る日本の女性データバンク』ですぐ調べてみます。見事にデータがあるので、現在の女性の雇用者状況がわかるというわけです。

で、こういう**知識が蓄積されてくると、それは人の注意を引きつけるネタ**になります。

初対面の人と最初の挨拶を交わし、何気ない世間話になったとしましょう。

「女性と言えば、このあいだちょっと調べたことがありましてね……」などという話をすると、結構みんな関心を示してくれるものです。

雑学でも何でもいい、人が知らないことを知っているとか、自分から話すことがあることで、新しい出会いはそれほど苦にならないという例です。

相手を「雄弁」という透明性で迎える

人間関係をささえるものは円滑なコミュニケーションですから、出会いにもそれが必要なことはいうまでもありません。

そのコミュニケーションでもっともたいせつなのは、現在ではやはり「言葉」でしょう。

むかしは「以心伝心」なんて、しゃべらなくても意思疎通のできる関係を尊びましたが、そうした特殊な関係は、現代ではまれです。

またむかしは、「沈黙は金、雄弁は銀」という価値観がありました。

男はやたらベラベラしゃべらないもの、言いたいこともぐっと胸の内に呑み込んで、行動で示すのがよしとされたのです。

俳優の三船敏郎がググッとジョッキを飲みほし、「男は黙って○○○○ビール」なんていうコマーシャルが流れたのも、そうした時代背景があったからでしょう。

自分のほんとうの気持ちや情報などを公開しないということです。

しかし**今のコミュニケーション社会では、もはやそれは逆転し「雄弁は金、沈黙は銀」**になっています。

沈黙とは、「ブラックボックス」の中を見せないということです。つまり、「**自分のほんとうの気持ちや情報などを公開しない**」ということです。

すなわち、透明性がないということです。

むかしは透明性のない人は、他人に畏敬の念を抱かせました。何を考えているのかわからなくて怖いし、また何か深く考えているようでもあるからです。

だからときたま口を開いて出る言葉は、短くてもズシリと重い価値があるように感じられました。

しかし現代、これだけコミュニケーションが多様に活発になってくると、情報の相互流通という点からも、透明性は必要不可欠のものになってきました。

有用な情報をいかに取り入れるかということになると、そのためには自分の情報も提供しなければならない場合が多くなる。

そういう意味で、**むかしは金の価値があったブラックボックスはもはや通用しなくなり、雄弁という透明性が必要になってきた**のです。

雄弁とはべつに嘘をいうことではなく、情報を提供することです。

だから人前でしゃべることを遠慮してはいけません。

「こんなことをいうと偉そうに見られやしないか」などと、日本人はわりと謙虚（というより引っ込み思案）な人が多いのですが、もうそういう考え方は捨てるべきでしょう。

どんどん遠慮せずにしゃべること。

もし間違っていることを話したら、誰かが反対意見をいうとか、注意してくれます。

そのときは率直に誤りを認めればいいのです。

面子などにこだわらず雄弁を目指すほうが、どれだけ進歩的かわかりません。

情報を自分のものにする三つの力

近年の情報化社会においては、コミュニケーションとはある意味で情報の流通のこと、と言っていいかもしれません。

ですから**人間関係においては、スムーズな意思疎通という基礎条件の上に、どれほどの有用な情報が流通するか、ということがたいせつになってくる**のです。

人間がどのように情報を扱うか、つまり人間の情報力は、「情報生産力」「情報提供力」「情報吸収力」の三つに分類できるでしょう。

「**情報生産力**」は、何か新しい知見や考察によって、自分のオリジナルな考えを生み出すことです。

他人の意見の受け売りではなく、できるだけ自分独自の見解を示せるといい。

むかし、オリエンタルランドの役員会で会社の方向性を論議していたときこんな発言をしました。

「いま家庭電化製品の普及率は百パーセント近くなっていますが、この製品を誰が使うと思いますか。それは女性、とくに家庭の主婦でしょう。するとこれからどうなるか。女性は家事から解放されて、時間の余裕ができてきます。

その時間を消費するという意味での、女性の時間消費型社会がこれから始まろうとしているのです。このことを考えて顧客対象を考えるべきではありませんか」。

誰か「会社に大学の先生が入ってきちゃったみたい」なんて言っていましたが、みんな熱心に耳を傾けてくれました。

今は多くの人によって、さまざまな分析や考察がなされ、それらは出版物などで簡単に手に入れることができます。

そういう**本などで勉強し、自分なりの考えが生まれれば、それは立派な情報生産力**ということになるでしょう。

「**情報提供力**」とは、他人に提供すべきいろいろな情報を持っていることです。それは、かならずしも自分が生産したオリジナル情報でなくてもいいし、たとえ人の情報の受け売りでもいいのです。

まさにお話しした、政府の刊行物などからでも得ることができるでしょう。とにかく**いろんなことをよく知っているとか、情報を集める手立てを持っている人は、情報提供力がある**ということです。

「**情報吸収力**」のない人というのは、こちらから情報を提供しても、何の反応もない人のことです。

その情報の有用性が理解できないから、これでは情報を提供しても張り合いがない。

そういう人との関係は、たいてい無用のものになります。

「いや、このあいだ聞いた君の話ね、あれ友だちに話したら感心していたよ」なんて言われれば、提供者はますますいい情報を提供しようと思うでしょう。

こういう人が、情報吸収力のある人です。

コミュニケーション円滑のワザは、たゆまぬ「パトロール」から生まれる

人間関係を上手にたもっていくためには、相手を喜ばせるコツを心得ておく必要があります。

そのためには、相手についてよく知っておかなければなりません。

たとえばプレゼントを贈るにしても、相手が何をもらって喜ぶか、誰だって考えます。

だから**ふだんから、相手のことを気にかけ、研究しておくことがたいせつ**なのです。

それは特定の個人ではなく、たとえば「女性一般」のような対象でも同じです。

「この場合、女性だったら何を要求するだろう」とか、「何をかわいいと思うだろう」と考えることは、ビジネスのうえでも必要なことでしょう。

いま日本のビジネスにおいて、女性はひじょうに大きな意味を持つ存在だからです。

男からすれば、女性というのはじつにわかりにくい存在です。

ラグビーのボールに似て、はずんだ後でどこへ行くのか、見当がつきません。

だから私も、一生懸命に女性を分析・研究しようと思い女性に関するデータを集めて勉強しますが、同時に、女性に評判の良い映画を観るとか、歌舞伎やオペラを観に行ったりします。

またよくデパートへ行って、買い物客の女性たちの動向を観察しました。

そうしたパトロールのおかげで、わかった部分もありましたが、まだわからないところも多くあります。

私は、現実を認識するためによくパトロールをします。

東京人が意外に行かない東京タワーとか、二重橋とか、上野の西郷さんの銅像のある上野公園や博物館、美術館。

また、世界各国の美術館や博物館、遺跡などもマメに訪れます。

好きでもあるし、そんな**パトロールから、アイデアが生まれることもよくある**のです。

東京タワーと言えばむかし青年会議所にいたころ、クリスマスパーティーをどこでやろうかということで協議したことがあります。まわりの人に「東京タワー登ったことある?」と聞くと、誰もいない。

「じゃあ今年のパーティーは、東京タワーの一番上の展望台を借り切って、あそこでやろうじゃない」と提案しました。

そこは高度からいって雲の上にありますから、名づけて「東京雲上パーティー」。にぎやかにバンドを呼んでしばし盛大にやったのです。

ちょっと変わったシチュエーションが、みんなの心をはずませたのでしょう。大盛況でした。

こんな思いつきも、ふだんからのパトロールの賜物でした。

自分に関心を持ってもらうために、相手の関心のあることを探り出す

たとえばある会社の応接室で、初対面の三人が挨拶を交わし、新しい仕事の打ち合わせを始めたとします。

しばらくすると、ひとりの携帯電話に緊急連絡がはいり、「たいへん申し訳ありません、ちょっと十分ほど中座させていただけませんか」といって、部屋を出ていきました。

二人は「どうぞ」といって見送ったものの、あとは手持ちぶさたです。

こんなとき、ふつうは何気ない雑談が始まります。

「今日はあいにくの天気で……」とか、「御社からここへは、地下鉄でいらっしゃいましたか?」などと、あたりさわりのない話題から、うまく話がかみ合えば、おたがいの趣味の話まで発展することもあるでしょう。

もし趣味の話までいったならば、いい出会いになる可能性が高いかもしれません。
と言うのは、ある程度うちとけなければ、初対面の人同士で、ふつうは趣味の話まではいかないからです。

見知らぬ者同士がうちとけるのに、何が一番大きなきっかけになるかというと、おそらくは、同じ趣味を持っていることです。

同じ地方の出身とか、同じ学校の卒業生とかもあるでしょうが、やはり同じ趣味の話は話していても楽しいし、次から次へと話がつきません。

意気投合すれば、「一度、ご一緒しませんか?」なんていうこともあり得るでしょう。

ですから、**スムーズなコミュニケーションを図ろうと思ったら、相手の趣味や好きなことを聞き出すのがてっとり早い**のです。

よく家族の話題を持ち出す人がいますが、やめておいたほうがいい。

これはだいたい九〇パーセントの人が、触れられたがらないことが多く、深入りするとしらけてしまいます。

無趣味な人だったら、吸っているタバコを見て、タバコの話だってできるでしょう。またお酒が好きだったら何を飲むのか、日本酒やウイスキー、焼酎、ワインなど、それぞれ薀蓄《うんちく》を傾けられる世界がありますから、そんな話もネタになります。

「もっぱら焼酎を飲んでますけど、一度あの〝森伊蔵〟というのを飲んでみたいと……」

「いや私、このあいだ飲みましたよ」

なんていうひと言で、話がはずむこともあります。

とにかく**相手が関心を持っていること、好きなことを聞き出せば、相手も自然とこちらに注意を向け、関心を持つようになるもの**です。

そうやってだんだん、コミュニケーションがスムーズに、深くなってゆく。

これは、**人間のコミュニケーションの原理みたいなもの**です。

「出会い」というミニ・ドラマを演出する服装

さて、いままではもっぱら、出会いにおける内面的なことをお話ししてきました。

ここですこし、外面的なかたちについて考えてみましょう。

早く言えば、**出会いのときにどんな身だしなみ、服装をしているか**、ということです。

出会いはドラマの骨格です。**それなりに演出や衣装もたいせつ**です。

常識的に考えれば、相手に不快感を与えないような服装なら、まず問題はない。ところが時代が変わって、服装に対する考え方も多様になってきました。

たとえば若者たちが身につける古着、ビンテージもののジーパンなどは、あちこちが破れて足が見えていますが、それがカッコいいというのです。

あるいは、ふつうのサラリーマンはスーツにネクタイが定番ですが、現在では職種によっては、たとえば丸首（スタンドカラー）のシャツにジャケットなどという姿が、珍しくなくなっています。

となると、話はそう単純ではなくなってきます。

たとえばふつうの営業マンが、上から下までピカピカのブランドものでそろえ、ビシッと決めていれば、「へえ、お洒落だな」と注目されるかもしれないし、かえって「キザな奴だ」と反感を買うかもしれない。

相手に不快感を与えないといっても、ケース・バイ・ケースで微妙なことがあります。

やはり**一番たいせつなのは、〝センス〟**でしょう。

なにもブランドものでなくても、上品さがただようシックな装い、あるいは健康的な若々しさを感じさせる服装は、十分に可能です。

そういう**センスのある身だしなみで出会いにのぞむ人と、まったく無頓着な人では、相手に与える印象はずいぶんちがったものになります。**

「だめだめ、僕にはそういうセンスがないから……」という男性も多いでしょう。工業化社会の企業戦士たちは、服装のことなどにかまっている余裕はなかった。ネクタイひとつ買うのでも、自分で選べない人も多かったのです。

誰が言ったのか、「どぶねずみスタイル」という悪口も一時期流行りました。

しかしもう、そういう時代じゃありません。センスがないのは、けっして自慢にならない、恥ずかしいことなのです。

心がければ、服装に関する美的センスは磨くことができます。

それにはやはり、一流のセンスある人の服装を、注意深く見るようにすることです。ファッション雑誌をながめるだけでもいい。

あるいは、たとえば「徹子の部屋」みたいな、きちんとしたテレビ番組に出てくる人たちの服装を、気をつけて見るだけでもちがいます。

もうひとつ、これからは**シチュエーションによって、いろんな装いができるように幅を広げるべき**だと思います。

どこへ行くのにも、ハンで押したようにスーツにネクタイというのでは、センスも磨かれません。

人間は本質的に保守的な生きものだと前に言いましたが、服装に関しても同じで、意識をしていないとだんだん保守的に、無難で面白味のないものになっていくのです。

たとえば私は、昼間は一応会社の重役ですが、夜には映画の解説者の仕事があったり、その後にはむかしのテレビ仲間と一杯飲む時間があります。

そんなときは、昼間のスーツから、夜の仕事や仲間に会うのにふさわしい服装に着替える。いわば「変身する」わけです。

そうしないと、仲間と認めてくれないからです。「おいおい、なんだよそんな格好で」なんて、やんわり非難されることさえあります。

どんな人たちが集まるか、その集まりにふさわしい服装というものはあるのです。

名刺は便宜上のメモ用紙

かたちということでいえば、名刺交換という形式も、仕事などにおける新しい出会いにつきものです。

そこでこれを活用しようと、自分の顔写真とか、ちょっとしたメッセージなどを入れて工夫している人がいます。

それはそれで悪いことではないのですが、**私自身は名刺にそれほど重要な意味があるとは思っていません**。

上を目指す人は、名刺を受けとってもらうことで、自分を活用してもらうチャンスが広がると思う人もいるでしょう。

またいろいろ偉い人にもらった名刺を見返しながら、「ずいぶん偉い人に会ったものだ」と自己満足にふける人もいるかもしれない。

しかし、言ってみれば名刺はただのメモであって、それ自体に価値があるものではありません。

名刺が何かの役に立つと思っているのは、ビジネスの発展途上国だけです。ビジネスの先進国で名刺交換をする習慣は、あまりありません。ある程度親しくなってから、必要に応じて「私の家の住所です」なんていって、プライベートな自分の名刺を渡したりする。

相手はそれを持ち帰って家のパソコンに入れる、そのためのメモのようなものです。

私は過去五十年間、名刺自体が私の飛躍のもとになったという記憶はありません。

要するに**名刺よりも、出会いのあとのつき合い方が大事**だということで、考えてみれば当たり前すぎるほど当たり前のことですね。

備前焼「だちびん型花入」(堀　貞一郎：作)

第5章　「人を見る目」を育てるために

人を見る目は無意識に身につくものではない

組織にいて仕事をするうえで、なくてはならないもののひとつは「人を見る目」です。

この人間の性格は、こういうところや、またこういう悪いところがあるとか、こういう才能はあるけれども、この面の才能はないとか。

また組織に属さず、ひとりや少人数のグループで仕事をしている場合でも、社会でやっていくためには、それはたいせつなことです。

いい出会いができるかどうかは、その目にかかっていることも少なくありません。

「人を見る目」は一種の能力であって、生まれつき備わっているわけではない。自分の経験と努力によって、育てていくものです。

たとえば野球の監督という仕事は、選手全員のことをよく知っていて、つまり選手それぞれの性格や能力を見る目を備えていて、はじめてできるものでしょう。

抜群に野球が上手だからといって、選手がいきなり監督をやれるわけではありません。

選手を見る目は、コーチや監督という仕事で成功や失敗の経験を重ねながら、だんだん自分自身の中に培っていくものです。

人に教わったから、本を読んだからといって、即席に身につくものではありません。

ではどうしたら、そういう目を身につけることができるか。

まずは**意識的に、若いときから自分で（人を見る目を養おう）と思う**ことです。

そしてそのために、**できるだけ多くの人と会うこと、できれば「優れた人物」と数多く接するのを心がけること**です。

素晴らしい仕事ができる人、優れた経営者たち、あるいは独自の発想が評価されるような人、そういう人たちに積極的に会うようにします。

個人的に会うことが難しければ、講演などを聴きに行くといいでしょう。

一流の名画ばかりをずっと見ていると、自然に三流の絵は見分けられるようになってくるといいます。しかし三流の絵しか見ていないと、一流の名画のよさはわからないものです。

芸術と人間というちがいはありますが、人を見る目も、作品を見る目も、同じことだろうと私は思っております。

そういう意味では私は若いころから、いろいろなチャンスを生かして、優れた人たちに数多く接することができました。

そのひとりである江戸英雄さんも、いつも「人間、人を見る目がなくちゃだめだよ」とおっしゃいました。

そのための方法をうかがうと、やはり経験がものを言うというようなお話でした。

つまり、一朝一夕にはいかないということでしょう。

顔つきに職業が表われていれば、それなりに信用できる

人の第一印象と、その本質的な性格の関連については、二つの見解に分かれます。

「あまりあてにはならない」と、「結構そのままだったりすることが多い」と。

私はどちらかというと、あとのほうの意見です。

ですから出会いの**第一印象は、意識に留めておくべき**だと思います。


たとえば第一印象でなんとなく、(傲慢そうな人だな……)と思ったとしましょう。

実際に話してみると、一応言葉使いもていねいだし、それなりに礼儀正しい。

ところが、だんだんうちとけて話すようになると、こちらが話しにくいことなども平気でズケズケ質問してくるし、くどいくらいに自分の自慢話もいろいろ出てくる。

やはり第一印象は間違っていなかった、なんていう経験はどなたもあるでしょう。

明るくて屈託のない性質の人や、内向的でなにかにつけ深くこだわる沈思黙考型の人は、だいたい会った瞬間にわかるものです。

また、新入社員などごく若い人たちは別として、社会へ出てある程度の年数の経験を積んでくると、その職業に特有な表情というものが出てきます。

職人は職人らしい顔つきになるし、政治家はいかにも政治家らしい顔つきになってくるものです。

じゃあ、どういう顔か説明してみろと言われても困るのですが、たとえば政治家には、純粋で真っ正直な顔をしているなと思える人なんて、ほとんど見つからないのではありませんか。

たいていの人は、一筋縄ではいかないような顔つきをしています。

それはそうでしょう、表も裏もある世界でやっていくには、それなりのしたたかさがなければ、とても無理です。

ではみんな〝タヌキ〟かというと、そうとも言えない。

嘘つきかと思ったらそうではなくて、嘘を真実だと信じようとしているような、ちょっと人のいいところもあるのです。

ジャーナリストというのは、なんでも裏をひっくり返して見たがる傾向があります。人の話を聞いてても、そのまま素直に受けとるのではなく、何かその裏にあるものを探ろうというような顔つきになる。

だから、ちょっと皮肉っぽい表情を見せることが多いものです。

だから**第一印象で、いかにもその職業がにじみ出ている顔だなと思ったら、一定程度の経験と実績をその世界で積んでいると判断していい**でしょう。

ということは、それなりに信用できるということです。

人相（表情）が伝えるもの

出会いのときの第一印象が何できまるかといえば、まず人相、それから服装、そして声や話し方、というような順でしょうか。

よく時代劇には路地の占い師が出てきますが、人相見（観相）は古くからあるようで、やはりある程度は当たるから商売も成り立ったのでしょう。

観相とは、人の容貌を観てその人の性質や運命、吉凶を判断することで、私は運命や吉凶までは無理ですが、性質ならだいたい想像がつきます。

人相には不思議とその人の生い立ちや感性、理性的なものなどが、表われてくるのです。

たとえばむかしの公家などは、庶民からみればめぐまれた生活のなかで、おっとりと育てられますから、顔にせせこましい感じがありません。

だからおおむね眉と眉の間、眉と目の間がひらき気味になっていて、額なども広い人が多いような傾向があります。

また一般的に言えば、ほがらかで楽天的な人と、ものごとをつい深刻に考え、悩みがちな人では、あきらかにちがった人相になります。

なぜなら、ほがらかタイプは笑う表情の回数が多いでしょうし、深刻タイプは悩みの表情の回数が多くなるからです。

そういう表情の習慣は、自然に顔に凝り固まってくるのです。

だからほがらかタイプは、ゆったりと解放されたような顔だし、深刻タイプは眉間に深いシワが刻まれた、どちらかといえばとっつきにくい感じの顔になります。

「目は口ほどにものを言う」のとおり、**目には知性や意志が表れてきます**。

いつも何かを前向きに考えているような人、新しいことにチャレンジしているような人は、目に光があります。

アテネ・オリンピックで活躍した日本人選手たちの目を見ていると、そのことがよくわかります。特に水泳の北島康介選手の目の輝きは、印象的でした。

反対に、なにごとにも消極的な人、怠惰な日常に流されているだけの人の目は、光ってはいません。

口の形には、思いやりや欲の深さが現れるようです。

たとえば仏像を観るとわかりやすいのですが、如来や菩薩などの本尊の口は、ものを食べるための口として仏師が造ったわけではありません。人びとを煩悩から救うために、思いやりの感じられる、理性的で端正な形をしています。

私の経験からいえば、一見して締まりのない口、ゆがんだ形の口の人は、性格的に自分自身をコントロールするのが下手か、あるいは皮相なものの見方をする人、欲が深い人であることが多いような気がします。

数多く会った中から、付き合いからはずしておくべき人のタイプ

人を見る目を養うには、まず積極的に自分から数多くの人と会うこと、そしてできるだけ優れた人と会うことを心がけること、とお話ししました。

そしてこんどは、それらの中から**自分にとってたいせつな関係に発展しそうな人を、選別しなければなりません**。

出会ったすべての人と、ずっと関係が続くわけではないから、当然のことです。

まず第一に「**傲慢な人**」は外します。

これは、ふつうのかたちでのコミュニケーションがとれませんので建設的な話に入ることができずひどく疲れますし、なによりも不愉快です。

精神衛生上からも、よくありません。

二番目は「**何でも損得ずくでやる人**」。

何でもお金で換算するようなところがあり、計算の細かい人です。

「よし、ほとんど儲けにならない仕事だけど、あなたの心意気に感じた。やってみましょう」なんて、死んでも言えないような人です。

三番目は「**相手のことを考えない、思いやりのない人**」。

たとえば人と話をするにしても、相手のことなどまったく無視して、一方的に自分の話ばかりするような人です。

四番目は「**時間にルーズな人**」。

これは人によっては、寛大な方もいらっしゃるかもしれませんが、私はダメです。

何度もお話ししたように、人生はかぎられた時間の中にある。

その貴重な時間を一方的に消費させられるのは、私には耐えられません。

これは、人生への対峙のしかたが根本的にちがうということですから、はっきりと除外します。

そして最後に「**裏がある人**」。

たとえばニコニコしながら近づいてきて、下心というか、別な目的のある人です。

「ご趣味は何ですか？」と聞かれて「盆栽です」と答えると、

「いやぁ、そうですか。私もまえから興味があって、やりたいと思っていたのですが、もしよかったら、こんど教えていただけませんか」

なんて言って近づいてきて、それから「じつは……」といって自分の会社の商品を売り込んでくるような、そんな人です。

もうすでに、無意識にあなたの付き合いの中からはずしているタイプがあるとは思いますが、ここで、きちんと区別しておけば、のろのろ無駄な出会いに時間を割かなくてすむようになるでしょう。

出会いの中から、とくに選ぶべきタイプの人

はずすべき人をはずした後で、こんどは積極的に選ぶべき人を選びます。

まず第一に「**自分とちがう考えの人**」。

これは考え方のスタイルのちがい、思考法のちがいということです。

たとえば自分は結果を重視する考え方だけど、相手は過程を重視する考え方であるとか。

私の親友で陶芸でご一緒の大学の名誉教授は、法律が専門ですから、なにしろ理屈っぽい。

たとえば友人三人で待ち合わせをし、定刻に私と彼が来るが、もうひとりは来ません。

そこで彼は「遅れている原因は何だろう。もし彼がきて弁明するときに、こういう原因だったら仕方ないけど、こんな原因であれば間違っているね」なんて言う。

私はそんなことはどうでもいい、ただ時間どおりに来なかったという結果があるだけです。

万事につけそんな調子ですが、私は彼のそういうところを、自分にはない面として尊重しております。そんな考え方もあったのか、と感心することも多い。

そういう許容力がないと、おそらく人間関係も成熟していかないでしょう。

二番目は「**人徳のある人**」。

たとえば人の嫌がることでも自ら進んでやるとか、どんな人とでも公平に接する人。あるいは思いやりがあって、周囲の人から尊敬され慕われる人などです。

三番目は「**自分の哲学や信念がある人**」。

人生経験で培ってきた、はっきりとした自分の考え方や信念を持っている人です。

四番目は「**夢のある人**」。

大きくても小さくてもいいですが、自分の夢を持ち、熱っぽくそれを語ることができる人。

そういう人の話を聞くのは楽しいことだし、啓発されることも多いものです。

五番目は「**知識のある人**」。

もう亡くなりましたが、これも私の友人の大学教授で、とにかく博識で語学にも通じた人がいました。

語学は英・独・仏・ギリシャ、なんでもござれで、世界の情報にも詳しい。

私と話すときにも、自分と同等のレベルだと思って話しかけてきますから、こっちは大変でした。いちいち聞き返すのも癪だし、そこで後で自分で調べたりします。

おかげでずいぶん、向上心を刺激されました。

六番目は「**向上心のある人**」。

いつでも、すこしでもいいから前へ進もうと思っている人です。

こういった人にもやはり「私もやらなければ」と啓発されます。

七番目は「**寛容な人**」。

私が青年会議所の理事で、牛尾治朗君が新理事長に抜擢されたときのこと。

理事会で彼の方針説明を聞くうち、ある計画について、私は異議をとなえました。

私の意見とその根拠をのべると、彼はすこし考えて「経験のある堀君がいうのだから、そのとおりにしましょう」と、あっさり自分の考えを撤回してしまいました。

大勢の人前で、新理事長としての面子《めんつ》もあったでしょうが、そんなことには一切こだわらず、柔軟に対応したのです。

彼は私より若いのですが、その寛容さ、懐の広さに、さすがと感心したものです。

「自分が役に立ってあげられそうな人」を選ぶ

どんどん出会いを経験していき、その中でいろいろ選別していけば、自ずから出会いは淘汰されていきます。

なかには、気まずくなってしまうケースもあるかもしれませんが、最初からそればかり心配していては前に進みません。

失敗をおそれず、出会いを求めることが大事だと思います。

選別の条件を先にいろいろあげましたが、もうひとつ、別の視点からの条件をあげておきます。

それはやはり、**「自分が役に立ってあげられそうな人」を選ぶこと**です。

ちょっと生意気なようですが、そのほうが気持ちも楽なのです。

逆に「自分の役に立ちそうな人」を中心に選ぶと、それはなんとなく下心があるようで、自分で〝さもしい〟感じがして、精神的な負担になります。

自分の心がさもしいと感じるようなことは、したくありません。

たとえば、〝上司に取り入る〟ということは、さもしいことです。

しかし、上司の仕事に役立つために、必要で的確な情報を提供するということは、組織として大事だし、よいことでしょう。


電通時代に私は、上司の小谷さんのためにさまざまな企画を考えたり、仕事に役立つだろうと思い、いろいろな人をご紹介しました。

藤山寛美さんやフランキー堺さん、そして竹村健一さんもそうですが、ご紹介したかいあって、いずれもその後よい関係を続けられたようです。

そんなこともあって、小谷さんは私をプランナー・プロデューサーとして、活用してくださったのだと思います。

それがまた私のやる気を引き出すという、いい循環になっていたようです。

嫌いな人に出会えば自分の苦味がわかる。それも人生の愉しみ

どんな人でも、性格が合わないとか、嫌いだという人はいるものです。そこまではっきりしなくても、なんとなくウマが合わないとか。それは、ごく自然なことだと思います。

逆に言えば、**嫌いな人がまったくいない人というのは、かえって信用できない**気がします。

歴史上の偉大な人物、たとえば釈迦とかイエスとか、そういう人たちは別格です。ふつうの人で、完全無欠の人格円満者というような存在は、あり得ない。

もちろん、本音を言えば嫌いだけれども、いろいろ都合もあって、表面上はふつうにつき合っているというケースは多々あるでしょう。

言ってみれば、表面的人格円満者というところでしょうか。

ただ問題は、嫌いな人の数が、全体総数のうちでどれくらいの比率になるか、ということでしょう。

知っている人で嫌いな人をあげてみたら、「あの人、この人……」と、あとからあとから三十人くらい出てくるなんていうのは、これは自分のほうにちょっと問題がある。

「いるにはいるけど三、四人かな」というぐらいでおさまれば、常識的にはかなり人格円満と言っていいのではないでしょうか。

自分のほうに問題がある人は、あるいはカウンセリングを受けたほうがいいかもしれません。

極端な人嫌いは、社会生活を送るうえで、大きな障害になります。

常識の範囲で人格円満な人は、「嫌いな人が三、四人くらいいるのは仕方ないこと」とわりきってしまいましょう。

「人が嫌いということは、自分の性格に欠陥があるから」なんて思ってはいけません。
嫌いな人を無理して好きになる必要など、まったくないのです。

そういう私も、嫌いな人はいます。
好きな人との関係に甘味を感じるとすれば、これは苦味みたいなものです。
その苦味は、あるいは私の欠点、短所そのものかもしれません。
しかし、嫌いな人は嫌いのまま、苦味は苦味のままでいいのだと思います。
苦いところのある人生だって、それはそれで味わい深いものではありませんか。
苦いコーヒーも、ときには美味しく感じるものです。

第6章　素晴らしい友人関係をつくる3要素

よい友は自然にできるのではなく、努力して〝つくる〟もの

人間関係の中で大きな比重をしめるのは、「友人」でしょう。

どんな友人を持つかは、ある意味で人生の方向を左右する問題でもあります。

よく親が子どもに「悪い友だちと付き合っちゃだめ」なんて注意をしますが、それは躾というかたちで受けつがれてきた、世の中の基本常識なのです。

親が言う「悪い友だち」は額面どおりで、むかしは不良なんて言っていましたが、今はおもに非行少年的な意味でしょう。

しかし世間一般でいう、いわゆる大人になってからの「悪友」という言葉には、字義どおりではない別のニュアンスも含まれているようです。

若いときは一緒につるんで、多少の悪さもやった仲、おたがいに裏の裏まで知りつくした仲、だからこそ懐かしいし、いまだに続いている。

そこで「こいつとはどうも〝くされ縁〟で……」なんて、苦笑いしたりします。

無菌状態の保育箱で育つより、雑菌だらけの空き地で育った猫のほうが、免疫力もついてたくましく育つにちがいない。

言ってみれば悪友とは、空き地で育った猫同士の関係みたいなものでしょうか。

しかし社会という、危険な猛菌もひそむ世界では、その免疫力も無視できません。

さて、「友だち」というと、なんとなく自然に、偶然にできるもの、と考えている人も多いと思います。

子どものころからの経験で、学校などでも、なんとなく気の合う同士が集まる。

まあなかには、意識的に成績優秀な子と友だちになって、勉強の仕方を教わろうなんていう、頭の回る子どももいるかもしれませんが、それは少ないでしょう。

だから友だち選びは、無意識的に行なわれてきた、と言ってもいいでしょう。

しかし私はある程度の年齢になったら、そういう考え方を改めるべきだと思います。

友だちは自然にあるいは偶然にできるものでなく、「自分でつくるもの」だと。

もちろん最初の出会いのきっかけは、神さまが用意した偶然かもしれません。

しかし、その関係を自分で日々努力して、深めていく。

そういう努力がないと、いい友だちというのはできないと思います。

むかし与謝野鉄幹が書いた『人を恋うる歌』のなかに、こんな一節があります。

「友を選ばば書を読みて　六分の侠気四分の熱」

ここで「書を読む」は、単に本を読む意だけではなく、知的好奇心がさかんなこと。

「侠気」とは、強きをくじき弱きを助けるような男気、義理堅さ、約束を守る気質です。

「熱」は情熱とか、強固な意志のことでしょう。

そういう友を選びたいということは、自分自身もそのようになりたい、という意思があることです。

素晴らしい友と出会うための３要素
「共通」「共感」「共有」

これは私の考えですが、友だちの「友」は、共通の「共」からからきているのではないかと思っています。

だから「友だち」は「共だち」であると。

また共は「共感」の共でもあるし、「共有」の共でもある。

この共に、にんべんをつけると、提供の「供」という字になります。

供するとは、そなえるとか差し出す、あるいは役に立つようにするという意味でしょう。

すなわち自分が相手に差し上げるものを、たがいに持っているということです。

共という字には、それらの意味がすべて含まれているのです。

私は、相手をひとたび友人と思えば、一切の損得を考えずに何でも提供する人間でありたいと思っています。

しかしそのためには、**相手が信頼できる人であることが絶対条件**になります。

また共有するためには、自分のレベルと相手のレベルが同じでなければできません。

したがって、やはり自分というものを客観的に把握しておく必要はあるし、相手のレベルが自分より高かったら、それに合わせるように努力しなければいけない。

学校とはちがって、社会における友人関係は、年齢に関係ありません。

たとえ親子ほど歳がちがっても、素晴らしい友人関係を築き上げている方たちは、世の中に大勢いらっしゃるでしょう。

東京ディズニーランドをつくったとき、仕事の必要で出会った人たちの中で、年齢はまちまちですが、いい友だちがたくさんアメリカにできました。

途中でいろいろ、けんか腰の議論もしたりして、たいへんだったこともありましたが、かえっておたがいの理解が深まり、親密になれたと思います。

あることでものすごく共感したりして、日本人じゃないのにこんなに気の合うやつがいたのかと、本当に驚いたものでした。

真の友だちは、年齢や国籍、男女の別などまったく関係なく、できるものです。**そのとき大きな比重をしめるのは、「共通」「共有」「共感」という3つの要素**でしょう。

それも、できれば高いレベルでのものが望ましいと思います。

そのために、日ごろから自分を高めるための努力を惜しまず、自分を変えることを怖れないことが、たいせつなのではないでしょうか。

「あいつは虫が好かない」と思うわけ

素晴らしい友人関係を築くための3要素のひとつ、「共通」にはもうひとつ、「気が合う」というような言い方があります。

ただ、出会いのあとで、どんな人間同士が友だちになれるのか、あるいはなれないのかということは、考えてみると、そう単純な問題でもなさそうです。

（どうも性格がちがうから、あの人とは友だちになれそうもない）なんて思っていても、つき合っているうちに、なんとなくしっくりした感じでうまくいくことがあるからです。

性格や価値観の中でも、人によって譲れるものと、譲れないものがあるようです。自分が、友人と「共通」であってほしい点を意識しておけば、そのあたりのことがわかってくるかもしれません。

それは相手の性格や気質の問題だけではなく、その考え方や生き方のスタイルなども含めたところで感じるものでしょう。

逆に言えば、**性格や価値観などが共通かどうかの判断は、「虫が好く」かどうかにかかっている**といえそうです。

私にも、虫が好かないと感じる人はいます。

私の場合は、ある程度金銭的にきちんとした人でないとだめなのです。

約束の期日までに返してくれなくても文句は言いませんが、それ以後は付き合うことはありません。

それから、どんなことでもいいのですが、努力ができる人じゃないと嫌ですね。

あとは人生に対して何かしらの信念というものがない人も、友だちにはなれません。

これらは、私の性格や価値観に共通していないことが原因なのでしょう。

友情は「思いやりの貸し借り」

友情というものが実際にどんなかたちで現れるか、これもじつにさまざまで、大きく言えば文学のテーマのひとつでもあります。

相手が困っているときに助けてあげるとか、一緒に遊ぶとか勉強するとか、いろいろあるでしょうが、やはり**最終的には、何か相手のために役立つということ**だと思います。

まえの素晴らしい友人関係三要素のうちの「共通」にあたります。

相手のために役立とうと考えることは、簡単に言えば「思いやり」です。

たとえばいま、AとBという仲のいい大学受験生の友だちがいるとしましょう。Aは裕福な資産家の子ですが、Bは母子家庭で育った交通遺児だとしましょう。しかしそんな環境は関係なく、一緒に図書館へ行って勉強したり、たまには二人で映画を観に行くとか、とにかく仲がいい。

おたがいの経済環境がちがうので、ちょっとしたことで差がでてきたりしますが、そこは友情でカバーしています。

たとえばAは、必要だと思えばかたっぱしからいろんな参考書や資料書をそろえますが、Bにはそんな余裕はありません。

そこでAは、Bが読みたいといえばそれらの本を貸してやるし、ときには映画を観るためのお金も出してあげる。

Bは「サンキュー、悪いな」と礼をいいながら、Aの好意に甘えざるを得ない。

そういう関係が、ずっと続いているとしましょう。

こういう一方的な関係は、いずれきっと破綻をきたします。

なぜなら、Bの心のなかで負い目が出てくると同時に、なにか主従関係のような錯覚と、軽い屈辱感を覚えてくるからです。

負い目は精神的な負担となって増大し、やがて苦痛になってきます。

そんなとき、ちょっとした諍いで、Aが「だって、俺はずいぶんお前のためにしてやってるぞ」などと恩着せがましいことを言おうものなら、Bもキレてしまい、二人の関係も即終わりということになるでしょう。

ところが、もしBがふだんからAのために何かしてあげられることがあったら、話はちがってきます。

たとえばAよりBのほうが勉強ができて、いろいろ教えてあげるとか、なにかそういう別のかたちでの〝お返し〟ができれば、二人の関係はイーブンになるからです。Bは心に負い目を感じなくてすみます。

言ってみれば、**友情とは「思いやりの貸し借り」であり、その均衡がとれたところで成り立っているもの**と言えるでしょう。

友人のアドバイスは、家に持ち帰る

友人の忠告やアドバイスは、これをどう受け止め、生かしたらいいかという問題があります。

ときには自分の生命にかかわる、重要な意味をもつ場合だってありますから、気安い友だちが言うことだからと言って、おろそかに聞き流しにはできません。


ある知人の話です。

彼の友人で、体質的に酒を受けつけない男がいました。そのせいか甘いものには目がありません。また煙草は日に一箱吸います。カラオケが好きなので、バーでウーロン茶を飲みながらよく歌い、あい間にはマスターが気を利かせて出す和菓子をパクついています。

外見はそれほど肥満体ではありませんが、一度会社の健康診断で、高血圧につき注意といわれたそうです。

知人が「おい、大丈夫か？　すこし煙草を減らすとか、体重を落とすとかしたほうがいいんじゃないか？」と忠告すると、「大丈夫、そんなに太っちゃいないよ」といって受けつけません。

会社の健康診断も、その後は何か理由をつけて、受けないようになりました。

そしてとうとう、脳溢血で倒れたのです。

幸い一命はとり止めたものの、後遺症で半身がマヒし、リハビリを続けているとか。

ひと口に友だちのアドバイスといっても、いい内容のアドバイスもあれば、逆に悪いものもあります。

そしておもしろいことに、アドバイスを受けた側のだいたい八〇パーセントは、即座に反発するのです。そういう心理的傾向があります。

「ちょっと君、毎日酒を飲みすぎるんじゃないの？」

「そうは言うけどね、仕事の延長のことだからしょうがないさ。これ止めたら、うちの商売成り立たねえぜ」

これはどうしてかよくわかりませんが、ひとつには、相手がなにか一段高い所から、自分のことを指図しているような感じを受けるからかもしれません。

だから同じ友人でも、年長の人からのアドバイスであれば、比較的スムーズに受け入れやすいかもしれない。


しかし、やはり**友だちのアドバイスには、一度は耳を傾けるべき**でしょう。すぐ反発して返してしまえば、話はそれっきりになってしまう。

それを何度も繰り返せば、友だちももう、アドバイスをしなくなるでしょう。

とにかく**一度は聞いておき、家に帰ってからでも、思い出して吟味してみるというクセをつけたい**ものです。

落ち着いて考えてみると、「もっともだな」と思えてくるかもしれません。

志があってもなくても、「類は友を呼ぶ」ことに注意

むかしから「類は友を呼ぶ」とか「類をもって集まる」と言います。似たもの同士が集まりやすいことのたとえですが、私の経験をふり返ってみても、これは真実だと思います。

たとえば志をきちんと持っていると、自然に志のきちんとした人が集まってきます。逆に志のきちんとしてない人のところには、それと同じような人しか集まらない。きちんとしていない人に、きちんとした人は話しかけないものです。

また知的な話をしていれば、知的な人だけが集まってくるし、くだらない話しかしない人たちのまわりには、そういう人たちしか集まらない。

「共感」できる、「心の振幅」のバランスがとれるよう、おのずと同じレベルの人間が集まるのだと思います。

大事なことは、自分がいかにレベルの高い「類」に属するか、ということでしょう。

志をしっかり持っているとか、知的な会話を楽しみたいと思っているとか、優れた人たちとの出会いを待っているとか。

なぜそれが大事かというと、そういう高いレベルの集まりに属していると、「彼はきちんとした人だから」というので、人から人へ紹介されることが多くなってくるのです。

そういう意味では、私はいい友だちのお陰で、ずいぶん得をしてきたと思います。私にとって友だちはみんなしっかりして信用のおける人たちでしたから、財界の著名な人たちなどにも、どんどん推薦し紹介してくれました。

そういう人たちにお会いしていろいろ話をすると、それがまた自分のためになり、レベルアップにつながったのだと思います。

ここで気をつけておきたいことは、**レベルの高い「類」を目指すことはいいが、**

そのためには自分も高めておかなければならない、ということです。

レベルがちがうと、そういう人たちの集まりへ行っても、対等かもしくはそれに近い感じで話ができません。

たとえば「近代絵画について、どう思われます?」なんて聞かれても、絵画についての常識がなく満足に答えられないのでは、会話は成り立たないでしょう。

背伸びしたところでメッキはすぐ剥がれ、たちまち地金が現れてしまう。

相手の話をただうなずいて聞いているだけでは、やがて相手にされなくなります。

志があってもなくても「類は友を呼ぶ」のですが、類がどの高さのレベルのものであるかは、あなたの人生に大きな意味を持つでしょう。

悪い縁には気がつきにくい

人と人との関係を「縁」という言葉で説明することがあります。「あの人とは、どうも縁があるような感じがする」などと、なにか人智を超えた不思議な作用や力を示す意味で使われることが多い。

もともとは仏教用語からきたものでしょうか、因縁とか前世の縁とか、やはり同じニュアンスを含む言葉です。

いい出会いはもちろん良縁のことで、たとえばむかし、結婚という儀式には、この言葉の持つ意味は大きかったものです。

いまとちがって、恋愛結婚より見合い結婚のほうが圧倒的に多かった時代には、縁組は出たとこ勝負でしたから、そういう言葉で説明するより仕方がなかった。

見知らぬ者同士が結婚してうまくやっていくということは、考えてみれば不思議なことですが、「良い縁があったから」という理由で、納得していたのでしょう。

反対に、悪い縁とか腐れ縁とかいう言葉も、いまだ健在です。

正真正銘の悪友とのつき合いだとか、暴力団との付き合いなどには、こうした言葉が欠かせないシチュエーションが多くなります。

また、まえにお話しした〝選別したい人〟のタイプ、たとえば「傲慢な人」や「裏がある人」との関係が、不本意ながら続いているときにも、一種の悪い縁と言えます。

こういう**悪縁を断ち切るためには**、どうしたらいいか。

まず、**毅然として「断ち切ろう」という意志を固めなくてはいけない**。**現在の環境から脱却するのだという、強い意志を持つこと**です。

こんな話があります。

カエルをつかまえて、いきなり熱いお湯に入れれば、カエルは飛び上がって逃げます。

しかし、まず洗面器の水の中に放ち、下からだんだん温めれば、カエルは逃げ出すことなく、やがてのぼせて茹で上がると。

これは一種のたとえ話で、つまり**急激な環境の変化にはすぐ気づくが、ゆるやかな変化には気づかない**、ということでしょう。

環境がだんだん悪化しても、なかなかわかりません。

いまから三十年前、東京ディズニーランドをつくっていたときに、浦安から東京をみてびっくりしました。

なんと東京の都心の上には紫色のお饅頭のような雲が乗っているのです。スモッグに覆われていたのです。

東京にいると気づきませんが、東京の環境悪化は、それはひどいものでした。

仕事が終わってあそこへ帰るのかと思うと、嫌な気分になったのを覚えています。

悪縁はこのように、だんだんとあなたの「人的」環境をむしばんでいくのです。

その環境から脱出するためには、まず自分のおかれた環境を客観的に見ること。

そのためには、別の環境にいる人と付き合ってみることです。異業種の人たちとか、いろいろな団体の人たちとか。

彼らと話すことで、自分の環境が見えてくるでしょう。

そして、現在自分が抱えている悪縁を、断ち切る手段を考える。

そのために、参考となるような本を読んだり、いろいろな人から助言をもらうのもいいと思います。

そして強い意志をもって、実行に移すこと。これにつきます。

復縁すべきかどうか判断するためのヒントとは

むかし出会って、一定期間お付き合いはあったたけれども、離れてしまった。

そういう一度縁のなくなった人と、また縁をもどすかどうか、という問題があります。

これはもちろん本人次第であって、その選択によります。

出会いはひとつの曲がり角、ターニング・ポイントだとまえにお話ししました。

したがってその出会いの結果がよいものだったか、または悪かったかによって、少し変わってきます。

よかった場合は、同じようにその曲がり角を曲がりたいと思うわけですから、復縁してもいいでしょう。

しかし悪かった場合は、さらに二つに分かれます。

単なる懐旧的な気分、ただ懐かしいからという理由で会いたい場合。

これは、やめておいたほうがいいでしょう。

あなたも、相手も、当時と何の変化もないまま会えば、同じ結果をもたらすことは、わかりきっているからです。

もうひとつ、当時は自分の未熟ゆえに悪い結果に終わったけれど、いまなら良い結果にする自信がある、ぜひ関係を修復しておきたいなどという場合。

たとえばむかし恋人に対して、心ない一方的な自分の言動で深く傷つけてしまい、悪い結果で終わってしまった。

いまは深く反省し、なんとか詫びて関係を修復しておきたい。もちろん恋人としてでなくていい、人間として詫びるために会いたい。

こんなケースは、再会してもいいでしょう。ただし無事復縁できるかどうかは、相手次第ですが。


むかしの友だちとの写真を見ていたら、そいつとはよくも悪くもない平凡なつき合いだったけれど、妙に懐かしい気分がこみあげてきて、思わず電話をしてしまった。

それはそれで、構わないと思います。

別に金銭的、物質的にプラスになるわけではありませんが、心の豊かさにつながるからです。

ひさしぶりに再会したら、そいつもその後リストラなんかの苦労を乗り越えて、結構立派にやっている。

また苦労しただけあって、話に深みと味わいがあるし、ずいぶん参考になった。

そういうことだってあるでしょう。

復縁の是非は、そのことで自分にどのようないい影響があるか、その点を考えて判断すべきことのように思われます。

あとがき

じつはこの本は、私が企画したものではありません。

ある日、私が月例でお話をしている会合で、この本の出版社ゴマブックスの遠藤励起編集長に、

「私はかねてより『人生は出会った人で決まる』と思い、若い人に出会いのたいせつさを伝える本を提供したいと考えていましたが、なかなか適当な筆者が見つからず、企画をあたためてきました。貴方と出会ってこの企画をお願いする人に遂にめぐりあった思いです」

と言われたのが始まりです。

このとき、私は自分の人生を振り返り、人との出会いの重要性をあらためて認識し、そのご依頼に応じたいと考えたのです。


遠藤編集長と私の出会いも、不思議な縁に繋がれていました。

私が一九八七年に書いた本『人を集める』は、初版から十刷を重ねるベストセラーになりましたが、この本を読んで共感してくださった小池和人さんが、名古屋で開かれた近藤昌平さん主催の私の講演会に来られ、以後、長い間、親交をあたためるようになりました。

その小池さんのご紹介で、今度は経営コンサルタントの和仁達也さんと親しくなりました。

その和仁さんが、一年にわたって私の話を採集してお書きになった『夢現力』という本のご縁で、今度は和仁さんからご本の出版社ゴマブックスの遠藤編集長を紹介され、親しくなったのです。

しかし、私はご依頼に応じたくとも、今の私には能力も時間の余裕もなく、執筆するのは無理ではないかと思い、いったんご遠慮申し上げたのです。しかし、編集長は、平田文子さんという素敵な編集者をつけるから大丈夫ですと励ましてくださり、お二人のおかげでようやく上梓の運びとなったのです。

お力添えをいただいたお二人に心より御礼申し上げます。

良い縁は良い縁を呼び、良い出会いは良い出会いを呼びます。まさにこの本の主旨どおりにしてこの本は生まれました。

素晴らしい人生の出会いから生まれたこの本を、皆様の素晴らしい人生の出会いにお役立ていただければ、これに過ぎる喜びはありません。

著　者

人生は出会った人で決まる

2004年 11月10日　初版第1刷発行

著　者　　　堀貞一郎
発行者　　　大滝　昇
発行・発売　ゴマブックス株式会社
〒105-0001　東京都港区虎ノ門2−7−3　ギャラン虎ノ門ビル4F
電話　03（3539）4141
印刷・製本　暁印刷

2004 Printed in Japan　ISBN 4−7771−0077−4　C0030